河出文庫

諏訪の神
縄文の〈血祭り〉を解き明かす

戸矢 学

河出書房新社

まえがき――諏訪と縄文の関係は遠くて近い

伊勢と出雲の遷宮で神道の大イベントはピークを迎えたが、さらにもう一つ大きなイベントが二年後に控えている。二〇一六年・申年、六年に一度の「諏訪大社の御柱《おんばしら》祭」である。正式には「式年造営御柱《みはしら》大祭」という。全国でも最大級の盛大な祭りだ。

諏訪大社は、諏訪湖を挟んで上社《かみしゃ》の前宮《まえみや》・本宮《ほんみや》、下社《しもしゃ》の春宮《はるみや》・秋宮《あきみや》、計四社で構成されるが、四社一括で「諏訪大社」と呼ばれる珍しい祭祀形態を採っている。しかも四社のうち三社は、拝殿のみで、本殿がない（唯一ある本殿も、本来のものとは異なる）。では、何を拝んでいるのかというと、拝殿の向こうにある山や樹木や岩石を拝んでいる。これは神社神道以前の、最も古い信仰形態だ。その祭りが、いまなおますます盛大なのだ。

諏訪には弥生時代以降に成立した神道と、それ以前に縄文時代から連綿と続く土俗信仰が共存併存、あるいは融合混合して、なんとも不可思議な状態にある。

諏訪信仰は長野県諏訪に鎮座する諏訪大社を総本社とし、諏訪大社から分祀勧請された諏訪神社は全国で約五千社に上る。わが国屈指の大信仰だ。

日本全国の市町村の数は一七四二だから、おおよそその三倍の数になる。一つの市町村に平均三社ということで、つまり、あなたの住んでいる町にも二つや三つの諏訪神社があるはずなのだ。——その諏訪信仰が〝縄文〟を継承しているのなら、私たちは常に〝生きて脈打っている縄文文化〟と身近に接していることになる。これは、ちょっと新鮮な感覚ではないか。


諏訪大社の主祭神は建御名方神《たけみなかたのかみ》、および八坂刀売神《やさかとめのかみ》であるが、この二神は記・紀以後の神であり、信仰の本質は弥生の軍神・モレヤ神、および縄文の精霊神・ミシャグジ神であるとされている。少なくとも記・紀の成立より古くから信仰されている神であり、この神こそが、弥生・縄文の昔からこの地の神＝地主神であったのではないかとされる。つまり、諏訪信仰とは二重構造になっていて、現在の信仰からそのまま縄文時代の信仰にまでつながっているということである。

たとえば中沢新一氏は「諏訪大社が縄文の古層につながっている」と述べていて、梅原猛氏は「諏訪の御柱《おんばしら》（祭）と新宮のお燈祭りと青森のねぶた祭りは縄文の祭りだと思う」と言っている。しかしはたして両氏の言葉は鵜呑みにしてよいのかどうか、実はかなり根本的な問題も孕《はら》んでいるのだ。

そもそも「諏訪社」という呼び名自体が実は比較的新しいもので、縄文とは無関係である。少なくとも「延喜式神名帳」（九二七年成立）の頃には諏訪社という呼称はなかった。

それ以前の、たとえば奈良時代には『延喜式』にあるように「南方刀美神社《みなかたとみのかみのやしろ》・二座」であったのであろうし、さらに遡って飛鳥時代や弥生時代にははたしてどのような呼び名で、どのような信仰形態であったのか明らかではないが、確かなことは、はるか昔には前宮のみで、下社も本宮もなかったということである。その時に、はたして「御柱祭《おんばしらさい》」がすでにおこなわれていたのかどうか、現在の諏訪信仰の何が縄文時代まで遡れるものなのか。

いずれにしても御柱祭で立てられる「柱」は、大地に穿つ巨大な楔《くさび》のようだ。それを各社四本、四社合計で十六本も何のために打ち込むのか、いまだに定説はない。

また七十五頭もの鹿の生首を神前に供える「御頭祭《おんとうさい》」（上社・前宮の神事）などの特殊神事が非神道的であることはよく知られている。これもまた〝縄文〟のイメージをいやが上にも喚起させる。狩猟を暮らしの糧としていた縄文人が、いかにも神々に捧げる供物に相応しい。農耕の神と、狩猟の神とは、さながら正反対の性格であるかのようだ。確かに、血まみれの鹿の頭部を供物として祭壇に供えるというのは、私たちが抱いている神社や神道の清浄なイメージとは相反するものである。一般に抱かれている神社や神道のイメージを象徴するのは、「稲」と「水」と「塩」だろう。これは、神棚に供える最も基本的な神饌であるから、当然といえば当然である。

しかし諏訪では、神事そのものが血腥《ちなまぐさ》いものであって、そう簡単に〝神道的解決〟はさせてくれない。御頭祭の起源は不明であるが、奈良時代には鹿ではなく、人間が生け贄とされていたとの説もある。江戸時代初期になっても、生け贄は一部継承されていたらしき証言もある。つまりそれほど古い話ではなく、近世においてなお非神道的な祭事がおこなわれていたのだということになる。もしそれが縄文時代からの風習であるならば、生け贄は二千二百年以上に亘っておこなわれてきたことになるが、はたして事実はどうなのか。

御頭祭に直接つながる御柱祭の起源も不明であるが、平安時代よりは前とされる。つまりこの祭りの起源は、それ以上遡れないのだ。御柱が、もし縄文時代からの風習であるとするなら、こちらも二千六百年以上続けられていることになる。いずれも、仮に中断があったとしても、起源はそれだけ古いとしなければ縄文と連結することはできないのだ。

そして実は、最大の問題がそこにある。

諏訪地方一帯は、縄文時代にはすでに大集落を形成していたのは間違いない。発掘される数々の縄文土器や、ひときわ優れた造形の土偶のいくつかは、縄文文化の一つの中心地であったことを如実に物語るものだ。

しかし、現在人々が諏訪に対して抱いている〝縄文イメージ〟は、つくられたイメージであって、現実の諏訪縄文とは別物である。時代の連結・連続を確実にとらえずに、イメージのみで「諏訪」に向かうという〝暗雲〟が覆っていて、なかなか本質が見えないのが実情だ。「万治《まんじ》の石仏」が岡本太郎によって絶賛されたことも誤解の一つであるだろう。これによって万治の石仏があたかも諏訪における縄文的造形の象徴のようになってしまった。万治三（一六六〇）年に造られたものであるから、縄文時代の終焉から二千年以上も過ぎた時代に造られたものが、はたして縄文の血脈を引いているのかどうか。

縄文時代とは、約一万四千年前から紀元前六世紀頃までの時代である。

弥生時代はその後の、紀元前六世紀から後三世紀であり、三世紀後半からは古墳時代になる。

諏訪大社との関係は不明だが、「縄文のビーナス」（国宝）と呼ばれる土偶が同県茅野市米沢の棚畑遺跡から発掘されて（一九八六年）、俄然注目を浴びることとなった。さらに「仮面の女神」（国宝）までもが発掘されて（二〇〇〇年）、もはや「縄文文化」を語るにはこの地域を真っ先に探訪しなければならないくらいになっている。

諏訪湖を中心とするこの一帯には、まぎれもなく大規模な縄文文化が存在した。おそらくは、東は八ヶ岳山麓から、西は木曾《きそ》界隈まで、北は安曇野《あずみの》から南は飯田辺りまで。――これらの縄文文化は、どうやって諏訪信仰に連続したのだろう。つまり諏訪と縄文が連結するには、紀元前六世紀頃から奈良時代までのおおよそ一千年間の歴史の空白を埋める必要がある。

そしてその手掛かりは、間違いなく存在しているはずである。それは〝諏訪信仰〟〝諏訪の神〟であろう。

ひと昔前までは、「民俗学」を「日付のない学問」と評して歴史研究の範疇に入れないという悪弊が歴史学会を支配していたが、今そのようなことを声高に唱える者はまさかいないだろう。同様に、「民俗信仰」も歴史研究では軽視されて来たが、実はこの視点・解明なくして歴史研究などありえないのだと近年では広く認識されるようになった。「諏訪」の解明はまさにこの「民俗学」と「民俗信仰」の二つの視点こそが鍵となるだろう。

諏訪大社の大祭、六年毎におこなわれる御柱祭はその勇壮さで有名であるが、由来や意義はいまだに謎である。さまざまな解釈はあるものの、定説となるには至っていない。

しかし四隅に屹立《きつりつ》する白木の柱は、その異様な景観から古代の特異な信仰を想起させるものだ。しかも諏訪地方ではすべての神社や石祠・小祠に至るまで御柱が立てられている。その総数は、おおよそ三千本と言われる。その不思議な光景は誰もが刮目《かつもく》せずにいられない。

本書は、謎に満ちた諏訪信仰を解き明かすために五つの視点を設定した。

「諏訪」「御柱」「モレヤ神」「ミシャグジ」「縄文」である。この五つの語彙は、諏訪信仰を解き明かすためのキーワードでもある。

「諏訪」の章は「聖地」からのアプローチによって、建御名方神の正体を解き明かす。

「御柱」の章は「忌柱《いみばしら》」からのアプローチによって、心御柱《しんのみはしら》・ウッドサークルなどの〝封印〟を解く。

「モレヤ神」の章は「神籬《ひもろぎ》」からのアプローチによって、神体山・守屋山の謎に迫る。

「ミシャグジ」の章は「石神」からのアプローチによって、磐座《いわくら》の本来の意味を探る。
「縄文」の章は「自然崇拝」からのアプローチによって、土偶の正体を究明し、諏訪の真相を解き明かす。

さあ、それではあなたの知らない「諏訪」へとご案内しよう。

平成二十六年夏

戸矢　学

諏訪の神——縄文の〈血祭り〉を解き明かす

◉

目次

諏訪の神

――縄文の〈血祭り〉を解き明かす

第一章　「諏訪《すわ》」とは何か

「四社で一社」の不思議な形態

まえがきでも触れたように、諏訪大社は四社の総称（四社で一社）という珍しい形態である。福岡の宗像《むなかた》大社のように「三社で一社」という例もあるとはいうものの、その〝理由〟はどうやらまったく別物のようだ。

神社が複数の社祠を備える意味はもともとは信仰上の〝機能〟に由来している。まず本来の鎮座地である（あるいは祭神の降臨地とされる）「奥宮《おくみや》（あるいは元宮）」があって、ここが参拝に不便な場合に便宜的に「里宮《さとみや》」を設けて、遥か彼方の奥宮まで行かずに参拝できる、という機能上の理由によって複数の社祠は設けられる。言ってみれば、神の都合ではなく、人の都合である。

たとえば宗像大社は、玄界灘に浮かぶ絶海の孤島・沖ノ島の沖津《おきつ》宮《ぐう》が奥宮であり、里宮として中津宮《なかつぐう》を設けたが、後にさらに便利な辺津宮《へつぐう》を設けたものだ。

富士山本宮浅間大社《ほんぐうせんげん》は、富士山頂が奥宮であり、麓に山宮《やまみや》が設けられ、さらに街場に浅間《せんげん》神社が設けられた。

こういった経過によって二～三社で構成されている古社は少なからず存在する。奥宮が山頂にあるため、便宜を図って山麓に里宮を設けた、というような信仰形態は、古社ではむしろありふれた現象といってもよい。

また、里宮から奥宮が望める場合もあれば、まったく見えない場合もある。富士山本宮浅間大社の場合は直接望めるが、宗像大社はまったく見えない場所に鎮座する。

いずれにしても、複数の社祠によって構成される神社は、初めに奥宮があって、その後利便性ゆえに里宮が設けられるという次第になっている。

しかし諏訪大社の場合は、どうやらこれらの事例とは異なるようだ。

四社のうち前宮《まえみや》が最も古いとされるが、では前宮が奥宮なのかと言えば必ずしもそうとは言えない。

とくに下社の春宮《はるみや》・秋宮《あきみや》は、その祭祀が前宮の祭祀とは直接のつながりがないところから、さながら〝別の神社〟であるかのようにも思わせる。

しかも四社のうち前宮を除く三社には「本殿」がない。拝殿のみという古い形態を採っている。そして拝殿背後の樹木や森を神の依り代として拝するようになっている。この形式は、大神《おおみわ》神社（大和国一宮）や金鑚《かなさな》神社（武蔵国二宮）などの古社に特徴的に見られるもので、拝殿の背後の神体山そのものを拝するようになっている。これは神社の原型であり、古神道の信仰形態である。つまり、分社や分祀・勧請されたものではないことを意味しているのだ。それぞれが元宮であるという意味でもある。

▼諏訪大社上社本宮《かみしやほんみや》　長野県諏訪市中洲宮山
【祭神】建御名方神《たけみなかたのかみ》　八坂刀賣神《やさかとめのかみ》
▼諏訪大社上社前宮《まえみや》　長野県茅野市宮川小屋町
【祭神】建御名方神　八坂刀賣神
▼諏訪大社下社春宮《しもしやはるみや》　長野県諏訪郡下諏訪町下ノ原
【祭神】建御名方神　八坂刀賣神
▼諏訪大社下社秋宮《あきみや》　長野県諏訪郡下諏訪町武居
【祭神】建御名方神　八坂刀賣神　（合祀）八重事代主神《やえことしろぬしのかみ》

これは現在、神社本庁に登録されている、いわば〝公式記録〟である。諏訪大社のホームページなどでもこのように表示されている。

諏訪大社上社前宮
前宮を除いて本殿はない。

諏訪大社上社本宮

しかし祭神が四社ともに同一（合祀を除く）なのは近世の調整によるもので、本来のものではない。これは戦後に、恣意的に祭神の統一が図られたものだ。これは周知の事実だ。明治の〝宗教改革〟で、全国の神社から仏教を切り離すにあたって、基本祭式の統一（二拝二拍手一拝）や御神体の統一（鏡）などもおこなわれたが、戦後にさらに〝宗教（神道）改革〟をおこなったのだ。『諏訪大社神社明細帳』には次のように表記されている（『諏訪大社復興記』他）。

▼諏訪大社上社《かみしゃ》本宮《ほんみや》【祭神】建御名方神《たけみなかたのかみ》

▼諏訪大社上社前宮《まえみや》【祭神】八坂刀賣神《やさかとめのかみ》

▼諏訪大社下社《しもしゃ》春宮《はるみや》【祭神】建御名方神　八坂刀賣神（配祀）八重事代《やえことしろ》主神《ぬしのかみ》

▼諏訪大社下社秋宮《あきみや》　同右

諏訪大社下社秋宮

諏訪大社下社春宮

なお、写真はすべて拝殿であって、

『神社明細帳』は、明治十二年に作成され、昭和二十一年まで全国の神社台帳であり、その後は神社本庁に引き継がれたものだ。つまり明治以前の神社のありようをうかがい得る基本資料である。

ところが戦後の神社本庁による公式記録では先述のように四社の区別がほぼ、ない。これではわざわざ四つも別々に建立した意味がないことになる。はるか離れた場所に鎮座するならともかく、諏訪湖の南北に近接して鎮座するのに、同一の祭神では個別に建立される意味がない。

しかしもちろんそんなはずはないのであって、別々に四社建立しなければならない理由があったはずである。その後の祭祀のおこなわれ方を見ても、祭神がすべて同一というのは理屈に合わない。

その点、『神社明細帳』では明確に区別されている。つまり、戦後に統一されるまでは、少なくとも『神社明細帳』にあるように祭神は異なっていたということで、それはむしろ自然で、しかも理に適っている。
したがって元は、

本宮は、建御名方神
前宮は、八坂刀売神
春宮・秋宮は、二神＋八重事代主神

ということであったと考えてほぼ間違いないだろう（春宮と秋宮は半年ごとに祭神が行ったり来たりするもので、二社で一社とされる）。にもかかわらず、戦後いち早く祭神の統一を図ったのは、そうしたい理由があったと考えるのが自然というものだ。「本来の在り方に戻した」などという詭弁も一部にあるが、祭神が同一ならば宮も一つでよいのであって、四社を必要とした理由をこの論理はまったく説明していない。詭弁たるゆえんである。

ところで、『日本三代実録』（九〇一年成立）の貞観七（八六五）年の条に、

「**信濃国諏方郡**（略）**建御名方富命神社**《たけみなかたとみのみこと》」

とある。

これが「社名」としては最も古い公式記録である。（「神名」そのものは、すでに『古事記』に登場しているが、『日本三代実録』巻二貞観元年（八五九）二月十一日の条にも「**建御名方富命**神に正二位、**八坂刀賣命**神に従二位を授けた」という記録がある）。

また『延喜式』（九二七年成立）の「神名帳」には、

「**諏方ノ郡二座**　**南方刀美神社**《みなかたとみのかみのやしろ》二座」

とある。

社名についてはこの二つの記録より遡るものは現在まで見出されていない。

そして、ご覧のように漢字表記は異なっている。

ここからわかることは、共通する訓《よ》み方「みなかたとみ」が諏訪社の古名――または祭神の古名――として十世紀以前に通用していたことであり、「御名方富」（「建」は男神の敬称・尊称）が先にあって、その後、「南方刀美」に変わり、そして現在は社名が「諏訪大社」になっているということになる（祭神名は『日本三代実録』にあるように「建御名方富命神」「八坂刀賣命神」であるから変わらない）。

なお「諏訪大社」に先立つこの二つの社名漢字表記にはほとんどなんの一貫性も共通性もない。

「諏訪（諏方）」になるのは地名由来で、先の二つの表記は神名由来であるが、その神名にはどのような意味があるのか。

「建」は尊称であり、「トミ（富・刀美）」も尊称であるので、「ミナカタ」という呼び名がまずあったということになる。

なお、大和岩雄氏は、「御名方」の「御」も尊称であるから神名は「名方」のみであるとしており（『諏訪の神と古代ヤマト政権』）、そのゆえに阿波の名方郡に由来を求めているが、私は「名方」そのものも解体できると考えている。しかし神名は一種の〝遺伝子情報〟なので、徹底的に解明したい。まず「名方」ありきではなく、「名」と「方」にはどのような意味があるのか、それを求めるのが先だろう。その意味が阿波の名方郡という地名の由来と直結するならば、そこで初めて納得される。はたして、それはどうか。

ちなみに「南方」は単なる当て字であろう。『延喜式』の前後に使われたと推定されるが、その後、消え去って二度と復活されなかったことから、氏子たちを納得させることができなかったのだろうと思われる。「南」という方位への志向性は、本来の信仰の方位、すなわち神体山である守屋山の方角を体現させたのかもしれない。

八坂刀売神と俗信

この二種の社名表記には、他にもいくつか重要な事実が読み取れる。

ご覧のように「**諏方・諏訪**」という語彙は地名（郡名）であるが、当初は社名には用いられていない。他の同種の事例に準ずれば、当社がまだ諏訪地方全域の統一認知を得ていない状態を示唆しているようにも思われる。地名を冠している古社・大社は、その多くがそういう経過を経て落着している。当社も、社格が上がって、名実共に信濃国の一宮《いちのみや》となるのは、まだもう少し先のことになる。

また、現在のような「四社八座」ではなく、「二座」とのみ録されている。「座」とは神座のことであるが、古代では一社に複数の神が合祀されるのは稀であるため、「二社二座」であったと理解してよいだろう。

つまり、建御名方神を祭神とする一社と、八坂刀売神を祭神とする一社が、それぞれ独立して鎮座していたということであろう。

現在の『諏訪大社由緒略誌』にはこう記されている。

「建御名方神は大国主神と高志沼河比売神《こしのぬなかわひめ》の御子神で、八坂刀売神は妃神です。下社には御二柱に併せて御兄神八重事代主神を祀りますが、一般には古くから上社に男神、下社に女神の信仰が広く伝わっております。」

つまり、現在公式には合わせ祀られているが、古くは、上社＝建御名方神、下社＝八坂刀売神だったと紹介しているのだが、『略誌』にも「一般には」と但し書きがあるように、これは俗信にすぎない。そもそも古代においては前宮と本宮のみであって、春宮も秋宮も存在しないからだ。つまり「二座」とは、現・前宮と、現・本宮のことである。

ちなみに春宮と秋宮の間、春宮から少し秋宮寄りの横道を入ると慈雲寺の境内になるが、その石段を上る途中に「矢除石《やよけ》」と呼ばれる大石がある。そして、その隣に「弥栄富神社《やさかとみ》」が鎮座している。

▼弥栄富神社　長野県諏訪郡下諏訪町東町中

【祭神】不明

矢除石は信玄由来の伝説で知られているが、むろんそのような伝説も名称も後世のものであって、これははるか古代から存在する磐座《いわくら》であるだろう。

諏訪地方は磐座——すなわち石神信仰が特別多い地域であって、なかでも「諏訪七石」はよく知られている。「矢除石」はそれには含まれていないが、七石に準ずるものだ。

諏訪では特別な石・岩に神が降りる、神が依り代とするという磐座信仰が古くからあって、これはあらゆる信仰の中でも最も古い信仰形態の一つである。「矢除石」も、その一つであって、それを依り代として祀られたのが隣の弥栄富神社のはずである。

弥栄富神社は「ヤサカトミ」と訓まれているが、秋宮・春宮の間という立地から考えても両宮の祭神である「八坂刀売神」であるのは言うまでもない。春宮・秋宮と、弥栄富神社と、いずれが先に建立されたのか不明だが、「弥栄富」という社名がそれを教えてくれる。

「弥栄富」という表記は、神名を直接表すのを憚《はばか》ったものだろう。「弥栄」も「富」もいわゆる吉字である。ということは、八坂刀売神にちなんだ社名にしようという意図がまずあって、表記は後からのものということであろう。吉字・好字というものは、元の表記に何らかの問題が見出されたために書き換えた、置き換えた結果である。万葉仮名に、好ましくない文字が含まれているのは珍しくない。『万葉集』や『古事記』でわかるように、万葉仮名で当て字される漢字は吉凶を前提としていないからだ。それればかりか意味さえも前提とせず、「音」のみで採用されているのである。


つまり、この地には矢除石がまずあった。

次に春宮・秋宮が建立された。

次に弥栄富神社が設けられた。——という順序になるだろう。

ところが後世の人たちは、磐境《いわさか》がまずあったのだから、八坂刀売神が古くから信仰されていた土着の神だと考えた。——これが「下社に女神の信仰」という俗信発生の理由であると私は推測している。歴史的経過は、一部の支配層しか把握していないためにえてしてそうなるものだ。

矢除石という磐座は当然ながら縄文時代（おそらくはさらに前）からここにあって、特に名のない神（御石神《みしやぐじん》）として信仰されていたが、新たにやってきた神——大勢の侍人を従えて、華やかな祭祀とともに降臨した二神——と一体化させようとした。しかし男神は上社本宮の主祭神であったので、遠慮して女神とした。俗信というものは、こんなふうにして発生する。

諏訪信仰にはこの手の〝俗信〟が少なからずあって、それが混沌混乱の原因になっている。この『諏訪大社由緒略誌』も、作成されたのが近年で、そこには戦後の神社本庁主導による意図が見え隠れする。それは、本来の祭神から必然的に浮かび上がる元々の祀り方を隠蔽するためでもあるだろう。

たとえば現在の諏訪大社では現役の神職が、守屋山は御神体ではない、と公然と主張しているが、これも戦後の神社界・神道界の意向に合わせたものであるだろう。現在の神職は宮司以下すべてが神社本庁から任命されているものということもあって、本庁による神社神道に忠実にならざるを得ない。諏訪大社本宮は、近年になって拝礼の向きを九十度変えたので、参拝の彼方に守屋山がなくなってしまった（その後も古い氏子はそれに従わず、古来の向きで参拝しているが！）。

しかし、かつて諏訪大社の宮司を務めて神道史にもその名を刻む三輪磐根《みわいわね》は、守屋山は諏訪大社の神体山であると明確に言い切っている。

その著書『諏訪大社』にこう記される。

「上社本宮の社背林は、いわゆる神体山で面積約三〇ヘクタール、標高一六五九メートルの守屋山の中央部に位し、ひときわ目立つ神奈備《かんなび》であり、古くから宮山、あるいはミヤマと畏敬の念を捧げて尊崇され、みだりに入山を許さず、斧鉞《ふえつ》を加えず、鬱蒼たる林叢は原初のままの姿で、何の施設もなく、信仰の対象として祭祀が営まれ現在に及んでいる。」

これが記されたのは一九七八（昭和五三）年のことである。当時、三輪は現職の諏訪大社宮司であったが、神体山について「古来いろいろと論議されているが」と前置きした上でこのように明言したものである。三輪が危惧した通り、三輪の明言があってもなお異論が蔓延《はびこ》るのには、「守屋」との関わりを消してしまいたいという強い意志を感じさせる。

守屋山の謎

三輪磐根によって明言されたことで、神体山論議には決着がついているにもかかわらず、近年またぞろ異論が出てきているのは、先に述べたように現職の神職が「神体山ではない」などと言い出していることも少なからぬ影響を与えているのだろう。

近年の蒸し返しの論点はおおよそ以下の三つに集約されるようだ。

① **守屋山は本宮から見えない。**

②　守屋山は地元の人々から大切にされていない。
③　守屋山では本宮と関係する祭祀がおこなわれていない。

①の「本宮から見えない」というのは事実である。実際に境内のどこからも見えない。

そして、前宮からも見えない。春宮・秋宮からも守屋山は見えない。

次頁の写真をご覧いただきたい。これは昭和初期（あるいは大正末期）の参道から本宮を撮影したものだ。おおよそ百年近く前には、本宮の門前は山林と田畑ばかりの風景であったことがよくわかる。つまり、山を望むに邪魔なものがほとんどない。現在は人家や土産物屋などの店舗も密集するようになり、背後の森もさらに鬱蒼としている。

次頁下の図面をご覧いただくとわかるが、方位記号はほぼ真下を指している。つまり、「東面入口」という表題は誤りで、「北面入口」が正しい。すなわち諏訪大社本宮は、きわめて珍しい北向き神社なのである（ただし、現在は拝礼の向きを九十度ずらしてしまったので、大社では北向きではなく「西向き」だと公称している）。

次頁写真の鳥居の上方の森の狭間に望むのが守屋山である。現在ではさらに見えにくくなっているが、この当時でもかなり離れなければ見えなかったということである。

昭和初期の「上社本宮・東面入口」

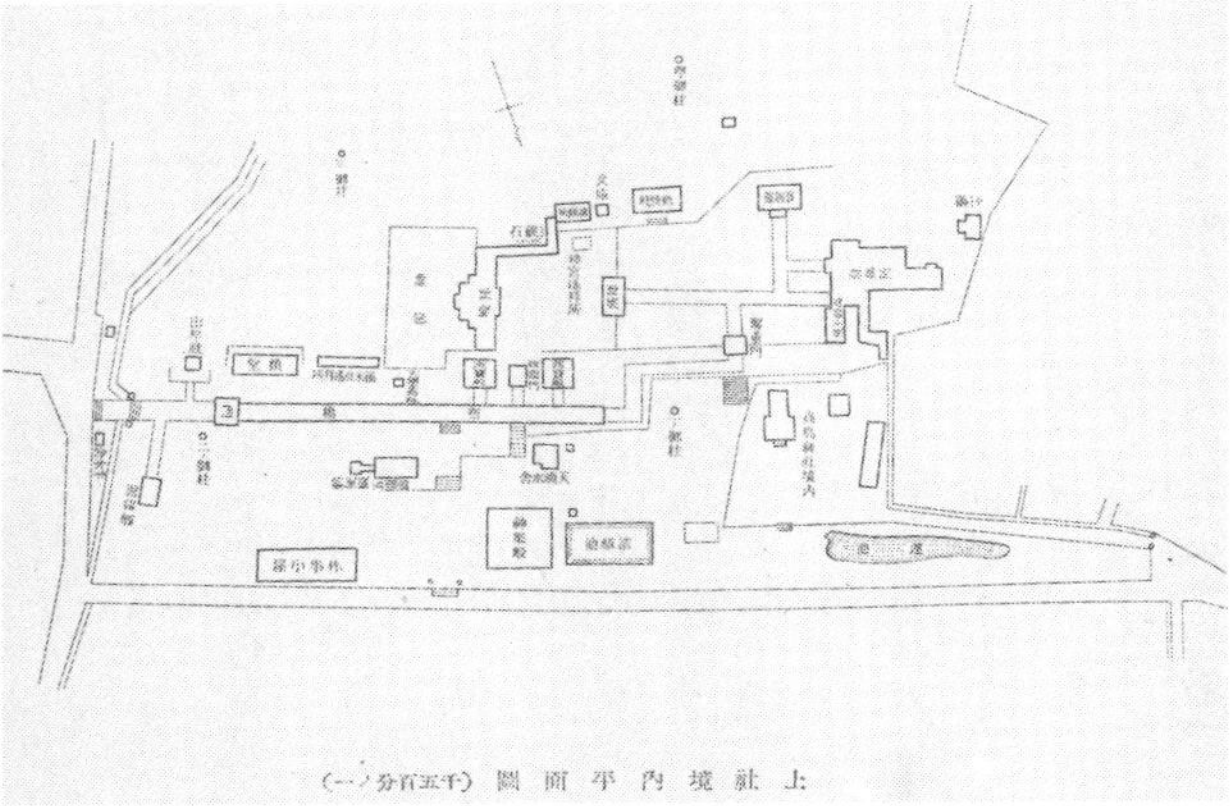

本宮見取り図（共に『諏訪史』昭和六年刊、より）

もちろん、境内からは当時でもまったく見えないだろう。

神体山すなわち神奈備《かんなび》は、その姿を拝することのできる地域がいわゆる「信仰圏」である。古来、それが事実である。

典型は富士山で、東は関東から西は伊勢に至るまで、富士見坂や富士見台といった地名を冠せられた場所は各地にあって、その多くは浅間神社や富士神社が勧請されて、富士講が成立している。白山や立山、大山、岩木山、月山など、そういった山岳信仰・神奈備信仰は枚挙にいとまがない。

しかしながら、実はすべてが「見える（可視）」というわけではないのだ。

たとえば宇佐神宮は、その奥宮・神体山である大元《おおもと》神社・御許山《おもとやま》は神宮境内からまったく見えない。

宗像《むなかた》大社でも、その奥宮・神体島である沖ノ島は、まったく見えない。中津宮からも辺津宮《へつぐう》からも沖津宮を肉眼で拝することは不可能である。

際限がないので、これ以上例示はしないが、「見えない」ことは神体山否定の理由にならないとだけここに指摘しておく。

②の「大切にされていない」というのも事実である。

残念ながら地元では蔑《ないがし》ろにされていると言うほうが適当であるかのような扱いであ

る。地元の人からの伝聞ではあるが、山頂の守屋社に雨乞いをし、叶わぬ時には石祠を転げ落としたりしたという。次頁の写真では石祠が木柵で囲まれているが、現在はさらに強化して鉄柵で覆って保護されている状態だ。誰から保護しているのかは言うまでもない。そしてその傍らには「守屋神社奥宮」という真新しい石柱が立てられている。山麓に鎮座する物部守屋神社（公式には「守屋社」）によるものだろう。

また、ここには諏訪地方の神社の特徴である「御柱《おんばしら》」がない。どんな小祠にも御柱を建ててしまう諏訪人の気質を考えると、関わり深い神社に御柱がないのは不可解だ。これをもって「大切にされていない」ことの根拠とする人もいるが、私は別の意味があると考えている。それは次章「『御柱』とは何か」で述べることにする。

守屋山が、どうやら諏訪人に大切にはされていないらしいことはわかったが、しかしそれでは日本一の神奈備・富士山は、はたして大切にされているのだろうか。

登山家の野口健氏による清掃登山がメディアに採り上げられるようになって、富士山が実はゴミだらけだということが広く知られるようになった。

また、世界自然遺産への登録が否決されたのは（その後登録されたのは世界文化遺産）、富士山頂からの「トイレットペーパーの白い川」という見苦しい景観が決定打になったというのはあまりにも有名だ（関係者の努力で現在は解消されている）。

さらにあきれたことに、富士山山頂まで今は連日のようにブルドーザーが往き来し

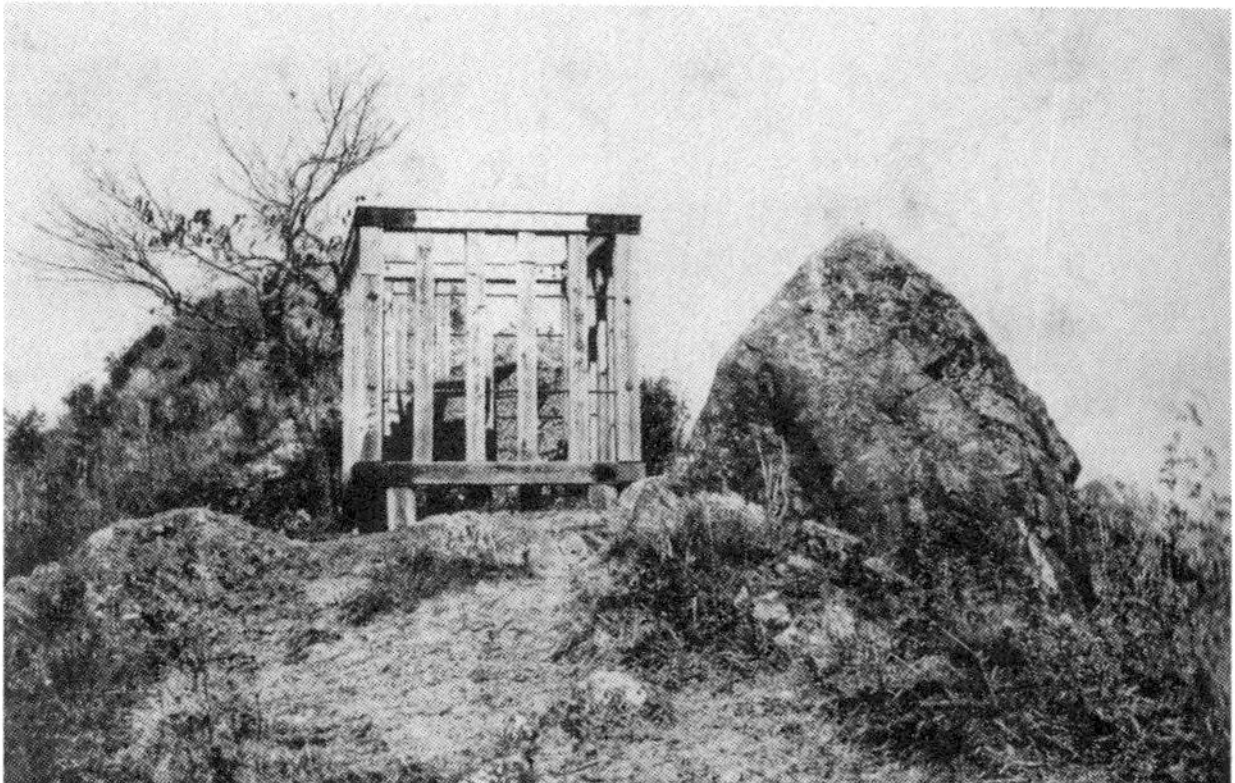

守屋山山頂（昭和六年刊行の『諏訪史』より）。柵で囲まれているのは石祠。
現在は鉄柵ですっぽり覆われている。

ている。いったい誰が許可したのか知らないが酷いものだ。古い表現ではこういうのを「罰当たり」と言う。本来の目的は荷物運搬用だそうだが、最近は特別料金を取って〝観光客〟も運んでいるようだ。大枚叩《はた》けば、富士山山頂まで一歩も歩かずに行って帰ってくることができるとのことだが、富士山に登りたいなら歩いて上れと私は言いたい。しかもこの道は舗装されているわけではないため、ブルドーザーが往き来するたびに崩れる。毎日崩れる。関係者は頻繁に〝工事〟しているようだが、どんどん富士山が〝変形〟しているのだ！

ここまで蔑ろにされていても、それでも富士山は日本一の神奈備・神体山である。

ついでにもう一例。埼玉県の秩父盆地の真ん中に屹立する武甲山《ぶこうさん》をご存じだろうか。日本二百名山にも数えられる神の山である。秩父夜祭りで有名な秩父神社の神奈備である。

しかし武甲山は、全山がセメントの原料としてきわめて良質な石灰岩質であるところから、長年にわたって採掘がおこなわれ、現状は見るも無惨なありさまだ。その凄まじい崩壊のありさまは、秩父盆地を訪れる者は否が応でも誰もが目にすることになる。

かつて山頂にあった御嶽神社も何度も移動させられ、山容はすっかり変わってしまったが、今もなお大がかりな採掘は続いている。この破壊を、誰も止められないのだろうかと私はかねがね不思議に思っているのだが、どうやら秩父の人々は多かれ少なかれセメント産業の恩恵をこうむっているようで、信仰や観光よりもそれが勝《まさ》っているということなのだろう。

——この二例でもわかるように、残念なことだが神体山・神奈備は皆が皆同じように大切に守られているわけではない。守屋山はこれら二例ほど蔑ろにされているわけではもちろんないが、特別に尊重されているわけでないのもまた事実である。しかし、それは神奈備であることの否定にはならない。

③の「本宮と関係する祭祀がおこなわれていない」というのも事実である。三輪磐根によれば、かつては何らかの祭祀が執りおこなわれていたようだが、今は確かに関連祭祀がない。

諏訪地方に伝わる古い俗謡を紹介しておこう。

「於《お》自《じ》理《り》波《は》礼《れ》　守矢《もりや》敝《へ》雲乎《くもを》巻上而《まきあげて》　百舌鳥《もず》義《き》智《ち》奈《な》可《か》婆《ば》　鎌《かま》遠《を》登《と》具《ぐ》倍《べ》斯《し》」

意味は「おじり（天竜川）が晴れていても、守屋山に雲がかかり、百舌が鳴けば雨が降るから、鎌を研いで準備をするべし」というものだ。伝承によって表記表現に異同があるが、私の判断で誤字を正し、原型に近いと思われる形に微調整した。それでもだいぶ変形しているが、元々の原型が万葉仮名であろうことは判別できる。つまりこれは縄文由来のヤマト言葉である。建御名方神が諏訪の神となるのは弥生時代以降であるから、建御名方神が祀られる以前から諏訪地方における守屋山信仰はあったということである。すなわち守屋山は、建御名方神とは無関係であろう（守屋山頂の小祠のことではない。これについては第三章で述べる）。

本宮は建御名方神を祀るために建立されたものであるので、本宮と守屋山は直接の関係がない、というのも正しいことになる。つまり、守屋山は諏訪大社本宮の神体山ではない、ということになる。

しかし、本宮が本宮となる以前の宮――おそらくは硯石《すずりいし》を拝礼するミシャグジ社――にとっては、守屋山はまぎれもない神体山・神奈備であった。四脚門から入って正面の硯石に拝礼するということは、そのさらに後方彼方に鎮座する守屋山を拝礼するということだ。今でも古くからの氏子は四脚門から拝礼するようなのだが、彼らにとっては守屋山が神の山であることはまったく変わりがないのだ。

そして「硯石→守屋山」に拝礼する時、建御名方神は参拝者の左手の「神居」に鎮座するという形になる。――守屋山と本宮との関係はそういうものである。

しかしこれをもって、守屋山を本宮の神体山・神奈備と見なすかどうかは、参拝者次第というものであるだろう。古来のままに硯石を拝礼する者は守屋山をも拝礼することになるのは当然であるが、左を向いて神居に鎮座する建御名方神を拝礼する者には、〝古き神〟の神奈備として敬意を表する意味はあるだろう。諏訪大社本宮は、これらが一体となった信仰である。

諏訪神社の数

諏訪大社の分祀は全国に一万数千社とも言われるが、正確な鎮座数は不明である。神社本庁に届出のあるものでは左記の通りである（『全国神社祭祀祭礼総合調査』）。「諏訪」が社名に付いているものに限れば以下の通り。

本社　二七七四社（三八六社）
境内社　三五〇社（三五社）
合計　三一二四社（四二一社）　＊括弧内は長野県内の数

	本社	境内社	県合計
北海道	2	0	2
青森県	8	1	9
岩手県	14	1	15
宮城県	18	2	20
秋田県	24	4	28
山形県	53	3	56
福島県	131	11	142
茨城県	44	9	53
栃木県	18	3	21
群馬県	108	35	143
埼玉県	96	26	122
千葉県	90	8	98
東京都	33	14	47
神奈川県	56	8	64
新潟県	927	32	959
富山県	70	18	88
石川県	39	8	47
福井県	16	3	19
山梨県	131	10	141
長野県	386	35	421
岐阜県	73	20	93
静岡県	79	15	94
愛知県	46	12	58
三重県	7	1	8
滋賀県	7	3	10
京都府	5	3	8
大阪府	4	1	5
兵庫県	20	4	24
奈良県	1	0	1
和歌山県	7	1	8
鳥取県	7	2	9
島根県	15	5	20
岡山県	19	5	24
広島県	9	7	16
山口県	3	4	7
徳島県	25	3	28
香川県	4	3	7
愛媛県	7	1	8
高知県	7	1	8
福岡県	24	6	30
佐賀県	10	1	11
長崎県	6	1	7
熊本県	31	16	47
大分県	9	3	12
宮崎県	15	1	16
鹿児島県	70	0	70
沖縄県	0	0	0
全国総数	2774	350	3124

注　データは神社本庁登録の神社を基本としている。
注　集計は著者による。　●諏訪神社県別鎮座数

右の表のように、最多は新潟県で、長野県は二番目だ。

社名に「諏訪」の字を含まないものの、「タケミナカタを祭神とする神社」であるならば、ほぼ同数存在するので、総計数は左記のようになる。なお「タケミナカタ」の表記は、建御名方神、建御中方尊、建南方止美命など数十に及ぶ種類がある。

本社　五二四三社（一〇一二社）
境内社　三九八社（六六社）

合計　五六四一社（一〇七八社）＊括弧内は長野県内の数

このうち、新潟県はやはり圧倒的多数を占める。

本社　一四二九社
境内社　三四社
合計　一四六三社

上社と下社の〝区別〟

主祭神・建御名方神の正体に迫る前に、諏訪大社の現況についてもう少し述べておこう。

諏訪大社四社は奥宮・里宮の関係ではないと述べたが、それではどのような関係なのか。

上社は、前宮がまずあって、本宮は前宮を前提として設けられた。したがってこの二社は深いつながりがある。

下社は、春宮と秋宮がほぼ同時に建立されて、祭神は半年ごとに行き来する。したがってこの二社は二社併せて一体である。

さてそれでは、上社と下社はいかなる関係なのか。

上社二社のみで成立していた諏訪信仰に対して、中央政府から下社二社の建立を命じられた。それが下社の創建である。

祠職（神職・神主）のトップは、上社が「神別《しんべつ》」であるのに対して、下社は「皇《こう》別《べつ》」である。これは血統上のランクの違いを意味している。

「神別」とは天津神・国津神の子孫のことであり、「皇別」とは天皇・皇子の子孫のことである。古代氏族名鑑である『新撰姓氏録』が、皇別・神別・諸蕃（渡来人の子孫）の三種に分類していることによる用語だ。

一見すると、神の子孫である「神別」のほうがランクが上のように思われるが、そうではない。「皇別」は、神の子孫であることは当然として、さらにその中でも特別な「天皇の直系」であることを意味するもので、こちらが上位である。つまり、諏訪大社の祠職は、上社よりも下社のほうが上位であるのだ。

これは、諏訪大社が完全に中央の支配下にあることを意味している。もともとは上社のみであったところに、中央の命によって下社が建立された。そして下社へは中央から「皇別」の祠職が任命・派遣されたのだ。下社建立の目的には、通説のように諏訪の力を削ぐ等の目的もあったであろうと考えられるが、〝監視〟という目的も当然あったことだろう。

ただし、諏訪に対して朝廷は、力で押さえつけるだけでなく、取り込みも図っている。それが「官位」の授与である。諏訪大社が全国規模の大信仰となるのは、朝廷から官位が下賜《かし》されて以来のことである。それ以前は一地方の——正確には辺境の——部族神に過ぎないもので、全国規模で信仰されるような理由はほとんどなかった。

「建御名方神《たけみなかたのかみ》の正体」は百家争鳴

建御名方神は、出雲で建御雷神《たけみかづちのかみ》と闘って敗れ、「科野国の州羽海《すわのうみ》」まで逃げて、この地から出ないから殺さないでくれと懇願して許されたと『古事記』にはある。

ところが、『日本書紀』にも『出雲国風土記』にも、建御名方神は登場しない。『古事記』にのみ詳細に記されているにもかかわらず、二書にはまったく影も形もないのだ。これは何を意味するのか（なお、『先代旧事本紀』にも同様の記述があるが、これについては後述）。

『日本書紀』はヤマト朝廷の正史である。——ということは、建御名方神は朝廷の管轄外の異端の神であったのではないのだろうか（『古事記』は正史ではなく、天皇家による私文書）。

また、『出雲国風土記』は、出雲自らが選録した公式文書である。——ということは、建御名方神は出雲とは無縁の神であったのではないだろうか。

つまり建御名方神は、中央のヤマト朝廷とも、前政権の出雲とも無縁の異端の神ということになる。そして『古事記』のみは、その異端の神を採り上げるために〝敗残の神話〟を創作した。

『古事記』七一二年成立
『日本書紀』七二〇年成立
『出雲国風土記』七三三年成立

成立年でわかるように、書紀も風土記も、『古事記』の内容を知っていたはずである。にもかかわらず、建御名方神についての神話を無視したということになる。

しかし、内容を修正するか変更するというのならまだしも、完全に無視するということがあり得るだろうか。

『古事記』そのものを焚書するというなら、その所業もわからなくはない。しかし、『古事記』を閲覧した者がどこにどれだけ存在するかわからない状態で、『古事記』神話の一部を勝手に削除するというのは相当な冒険である。みずからの「史書」としての信頼性が問われかねない重大な行為である。

しかも、『日本書紀』の編纂者と、『出雲国風土記』の編纂者が一致団結して〝無視〟しなければこういう結果にはならない。つまり、そういうことはあり得ないということになる。

とするならば、あり得る経緯とはいかなるものか。

『古事記』に、建御名方神の一連のエピソードのみを、後から加筆するというのであれば可能であろう。その加筆は、七三三年より後に、である。そうであれば、『日本書紀』にも『出雲国風土記』にも建御名方神話がまったく出てこないのは当然のことになる。なにしろ、まだ書かれていなかったのだから。ないものは、書けない。単純にそれだけの理由であったのではないだろうか。


では、「創られた建御名方神話」の建御名方という神は、何者なのか？

その素性・正体についてほんのわずかな手掛かりしかないところから、古来いくつもの説が唱えられてきた。主な説を『諏訪史』で宮地直一が逐一批判しているので列挙しておこう。ここではいちいち論じないが、興味のある読者は直接資料に当たられたい。

一、伊勢津彦《いせつひこ》神説
二、出雲建子命《いずもたけこ》説
三、御穂須々美《みほすすみ》命説

四、火明命《ほあかりのみこと》説
五、風神説
六、片倉辺尊《かたくらべのみこと》説
七、手力雄《たぢからお》神説
八、兵主《ひょうず》神説
九、八王子・三宮説
十、筒男《つつお》命説

その後も落着した訳ではなく、これらの各説に拘泥した主張はおこなわれ続けており、未だに百家争鳴の状態であることに何の変わりもない。本書でこれから述べる〝説〟は、これらとは異なる真相であり、この状態に終止符を打つものであると信ずる。

『古事記』に侮辱される建御名方神

さてそれでは、諏訪大社の主祭神である建御名方神について『古事記』に記されている次第をおさらいしておこう。

――その昔、天照大神は葦原の中つ国を譲り受けるために、交渉の使者として経津《ふつ》主神《ぬし》と建御雷神を、中つ国の王である大国主神《おおくにぬしのかみ》のもとに派遣した。

長男の事代主神《ことしろぬしのかみ》はすぐに同意するのだが、

「もう一人、息子がいる。建御名方神だ。これより他に子はいない」

と大国主神は言う。

ちょうどその時、千人かかっても持ち上げられないような大石（千引石《ちびきいわ》）を軽々と持って建御名方神がやって来た。そして、

「誰だ、われらが国に来て、ひそひそとそんな話をするのは。ならば、力くらべで決めようではないか。それではまず私がお前の手を取ろう」

と言った。

建御雷神は手を取らせると、その手を氷柱《つらら》に化し、さらに剣刃《つるぎば》に変えた。

そのため建御名方神は、おそれおののいて退いた。

今度は建御雷神が建御名方神の手を握り、あたかも葦のように軽々と投げ放ったので、建御名方神は逃げ去った。

そこで建御雷神は追いかけて行き、科野国《しなののくに》の州羽海《すわのうみ》に追いつめて、殺そうとした時に、建御名方神は言った。

「参った。殺さないでくれ。この地より他へは行かず、父と兄の言葉に従い、この葦原の中つ国は、天照大神の御子の仰せの通り献上する」

建御雷神は再び出雲に戻り、

「おまえの子供たち、事代主神、建御名方神の二柱の神は、天照大神の御子の仰せに背かないと申したぞ。お前の意向はどうか」

すると大国主神は答えた。

「わが子らの申すままに、私も同意して献上しよう。ただし、私の住居として、天神の御子の住居のように、地中深く太い柱を建てて、高天の原に届くような大屋根の住まいを造ってくれるならば、隠れて控えることとする（出雲大社創建の由来）。また、わが子ら百八十の神々も背くことはない」


（＊口語訳は戸矢による）

建御名方神についての神話は、これですべてである。他には、ない。これ以外のことは、中世以降の（とくに神仏習合による）恣意的な創作にすぎない。根本神話のみが史実を伝えているのであって、同列に扱うことはできないし、するべきでもないだろう。『古事記』（および『先代旧事本紀』）以外には、建御名方神についての事績はひとことも記されていないという事実をも大前提としなければならない。


さて、本書の読者は右の逸話をどのように読むだろう。

現在全国五〇〇〇社以上にも及ぶ巨大な信仰となり、「軍神」「武神」として、名だたる武将に厚く崇敬されてきた諏訪神・建御名方神の、さすがになんと勇猛果敢な伝承であろうか！——などとは、誰も思わないだろう。まったく〝逆〟ではないか！

この伝承で、軍神・武神とするに相応しい「強さ」を示すものは、唯一「千引岩を軽々と持って」いたことのみである。そしてその後の物語は、その怪力さえも笑い飛ばすほどの情けない経緯である。

曰く——力自慢は見せかけだけで、実体は、遁走するような情けない神で、父や兄のように自裁することもできず（父は殺されたという解釈もある）、はるか遠方の東の果てまで逃げて行き、ついには追い詰められて命乞いをしている。その地の果ての山奥から生涯一歩も出ないから、殺さないでくれと懇願して、ようやく存在することを許された神である、と。

この〝神話〟をもって崇拝・信仰する者がはたしているだろうか？　建御雷神と闘って討ち死にしていたならばまだしも、遁走して、命乞いをしているのだ。『古事記』の記述を信ずるならば、こんな神をいったい誰が信仰するだろう。これ以外に、何事かを成したとするような記述は皆無である。

しかし——事実は、一大信仰である。これは何を意味するのか？

創られた神話

「タケミナカタ神話」が『古事記』には記されているのに『日本書紀』にも『出雲国風土記』にもまったく記されていないということだけでも、いかにも〝創作〟のにおいがぷんぷんする。しかも話の進め方が奇妙である。このストーリー展開では、建御名方神は「軍神」にはならないし、圧倒的な強さを誇示している建御雷神こそがむしろ軍神に相応しい。その建御雷神に、いいところなしでやられ放題の建御名方神が全国で軍神として名だたる武将たちに崇拝崇敬されるのは、まったく奇々怪々ではないか。

ところが、すでに紹介したように諏訪社は全国に五〇〇〇社以上もの多くが勧請《かんじょう》されており（建御雷神の鹿島神宮分祀は約七五〇社）、建御名方神は〝軍神〟として多くの武人《もののふ》たちに崇敬されている。初代の征夷大将軍である坂上田村麻呂を始め、源頼朝、武田信玄、徳川家康に至るまで、まるで彼らは『古事記』を知らず、別の伝承によって建御名方神の勇猛さを確信していたかのようではないか。

別の伝承がどんな形であったかはともかくも、少なくとも『古事記』が流布されるより以前に、建御名方神への崇敬・信仰ができ上がっていたことは明らかであろう。『古事記』が、にわかに注目されるようになったのは、実は江戸時代も後期である。

国学者・本居宣長（一七三〇～一八〇一）が大著『古事記伝』を著し、広く知られるようになったことによる。つまり、徳川家康の死後かなり経ってからである。それ以前の武将たちが『古事記』の神話についてまったく知らなくても当然のことなのだ。

右に挙げた武将たちは、全国各地に鎮座する諏訪神社のことは当然承知していたはずで、その信仰内容も承知していたことだろう。そしてそれは「軍神」に相応しい神話・伝承であったに違いない。そうでなければ、彼らがこぞって崇敬するはずがないのだ。

つまり、情けない建御名方神は『古事記』のみに書かれていて、他の全国各地の諏訪神社の伝承や、すでに行き渡っていた信仰は、軍《いくさ》の神というに相応しい建御名方神を伝えていたということだろう。

この事実は、少なくとも一つの真実を示唆している。大量の（ほぼすべての）軍神信仰に対して、貶められた敗残の伝承はたった一つ、『古事記』のみであるということだ。すなわち、『古事記』の建御名方神話こそは〝創作〟されて挿入されたものだろう。取って付けたようなこのくだりは、まさしく取って付けたものであったのだ。

しかしいったい、何のためにこの神話は付け加えられたのだろう？　仮にこの部分がなかったとしても、オオクニヌシの国譲りには特に支障はないように思えるのだが、それならば、この付け加えられた神話には国譲りとは別の意図、別の目的があるのではないか。

その答えを求めるために、この後に何が起きたのか考えてみよう（これ以前にどうなっていたか、とともに）。

諏訪信仰の広がりと古さを考えると、古代においての宗教的な一大中心地が諏訪に成立していたであろうことは容易に想像がつく。ヤマト朝廷は東征しながら出雲・吉備・紀伊などでそういった祭祀王を征服し、あるいは服属させてきた。そして最後に残っていたのが「諏訪」という課題であったのだろう。

しかし当時——『古事記』成立当時——の朝廷にとって、諏訪との全面戦争は得策ではなかった。〝軍神〟として名高い建御名方神を推戴して高志国《こし》（越国）から科野国《しなの》（信濃国）一帯に君臨していたモリヤ一族は、武力で征討するには負担が大きすぎた。律令国家へ向かいつつあるまさにそのタイミングでは、対外的に大規模な戦闘をおこなうことはできない。まるで、後世の「武田王国vs.室町幕府」を彷彿させる構図だ。

そこで画策されたのが、〝宗教的封印（封じ込め）〟であるだろう。中心地である諏訪の安泰を保証する代わりに、武力放棄の誓約をさせた。その証しが、春宮・秋宮の建設であり、皇別祠職（珠流河《するが》国造・金刺《かなさし》氏）の派遣である。

この「神話」は、こうして成立した最後の誓約を広く知らしめ、かつ誇示するためのストーリーである。その誓約とは――「金輪際、諏訪から出ない」ということである。それによって、ヤマト朝廷は諏訪を攻めず、諏訪もその地を保証されるという次第である。――この〝呪縛〟は、はるか後世まで信濃に残ることとなる。甲信越は信玄・謙信の時代になってさえ、中央に打って出ることはできなかった。

朝廷はその策を強調する施策として『古事記』の加筆をもおこなったのではないだろうか。国譲りの一環として、諏訪の封じ込め、建御名方神の封じ込めは成ったとのアピールである。その際に建御名方神を貶めて、権威（神威）を失墜させるという駄目押しをおこなったのだ。しかし諏訪人が『古事記』を目にする機会はもちろんなかった。結果的に『古事記』は公表されず、朝廷の奥深くに秘匿されることとなったからだ（公開を前提に編纂されたのだが、なぜかそうならなかった）。――したがって建御名方神は、依然として軍神・武神として畏敬崇敬され続けた。

それにしてもいったい誰がそのような侮辱的な記述をさせたのか。『古事記』序には天武天皇の勅命によって編纂されたものとあるので、後世の加筆であるから少なくとも天武帝ではなく、それ以後ということになる。その後のいずれかの天皇の命によって、このくだりの一節だけが加えられたか、あるいは当時の政権を掌握していた藤原不比等であるのかもしれない。鹿島神宮の祭神である建御雷神を氏神として祀る藤原氏の意向——それが反映していてもむしろ何の不思議もないというものだ。

いずれにしても、当時のヤマト政権にとっては、「諏訪の王」が決して中央を脅かさず、永遠に山奥に逼塞すると誓ったのだと告知する必要があった。これは政権の安定が目的である。

——それほどに畏れられた諏訪の神の正体はいったい何者なのか。何かの際に活躍したという事績も伝承もまったくないにもかかわらず、二つの事実だけが明白である。

①軍神・武神として畏敬崇敬されてきた。
②ヤマト朝廷から怖れられていた。

しかし唯一事績が記されている『古事記』には、これら二つのどちらの記述もない。いったい、諏訪の神とは何者なのか。

「タケミナカタ」という神名の秘密

これまで私は『ツクヨミ』『ヒルコ』『ニギハヤヒ』などの〝謎の神〟を究明してきたが、その方法の第一ともいうべきものは「神名の解読」である。神名には、一種の

〝遺伝子情報〟が込められており、これを解明することはその神の正体に迫る最も有効な方法の一つであると、常に示し続けてきた。そしてその趣旨は「タケミナカタ」においても変わることはない。

タケミナカタは当初から「建御名方」と表記され、本来的に他の表記はない。たとえばスサノヲの場合は、須佐之男命（『古事記』）と素戔嗚尊（『日本書紀』）とが基本表記であって、いずれも正しい。

イザナギは、伊邪那岐命（『古事記』）と伊弉諾尊（『日本書紀』）である。

このように、神名の基本表記は『古事記』表記と『日本書紀』表記の二種類が併存しているのが通常で、建御名方神のように一種類しかないのは〝例外〟である。

なぜこういうことが起こるかというと、まず初めにスサノヲやイザナギという〝音〟があって、それを書き記すために漢字を借字したのが『古事記』である。この表記法を「万葉仮名」という。万葉仮名は漢字の音（発音）のみを利用したもので、意味は問わない。そのため伊邪那岐命の「邪」のような卑字が入っていることがある。当時の日本人が漢字の意味を知らなかった証しである。

これに対して『日本書紀』では、すべて意味を優先して書き直した。これは書紀の編纂方針が対外用（当時の外交対象は「唐」）であり、本文はすべて漢文のためである。とくに神名は『古事記』のままの表記では「悪い意味」となるものが少なからずあったため、ほぼすべてを変更した。
このような事情によって、神名は大半のものが基本的に二種類存在する。全国各地の神社にはさらに多様な神名表記が用いられているが、基本はこの二種類のいずれかをアレンジしたものである。

タケミナカタにも、「神社表記」による別表記は少なからずある。諏訪神社は全国に分布し、その数も五千余社に上るところから、時間の経過にともなって各社で変化するのは自然の成り行きであろう。それは各社の鎮座がいつかで判断できる。記・紀より古い鎮座の諏訪社は、神名が口伝であるために、後に当てられた漢字も様々であるが、記・紀より後に勧請・鎮座された諏訪社は当初から漢字表記であったので神名の〝揺れ〟がほとんどない。しかも全国の諏訪社の多くがこちらになる。

このことは、建御名方神が新しい神であることを示唆している。古い神は「音」がまずあって、後から漢字を充てるため、表記の異同が多数あるのは珍しくない。それに比べて、新しい神は当初から漢字表記であるため、表記の異同はきわめて少ないからだ。建御名方神の正体は、その〝新しき神〟が何者なのかということである。

ただ、諏訪信仰には〝古き神〟の姿も垣間見える。

「古くからある信仰には雨や風を司る竜神の信仰や、水や風に直接関係のある農業の守護神としての信仰が著名です。また水の信仰が海の守り神となり、古くからある港の近くには必ずと言っても良い程にお諏訪さまがお祀りされております。」(『諏訪大社由緒略誌』)

風神・雷神は、最も古くからの祟り神である。それを手篤く祀ることで強力な守護神としてきた長い歴史がこの風土にはある。

畏怖される神が新たに降臨すると、もともとの土俗神と習合させるのは自然の成り行きというものだろう。つまり、軍神・建御名方神は、土俗神である風神・雷神と合体融合された神であると解釈するのが正当であるだろう。つまり、諏訪信仰とは〝二重構造〟なのである。

「諏訪」を知らなかった日本人

ところで、諏訪大社の「諏訪」とは地名に由来する名称であるが、もともと何を意味する言葉なのか。語源についてこれまでほとんど語られることがなかったのだが、実はきわめて重要な意味がある。

私たちは、あらかじめ「諏訪」という言葉を与えられているからこそ何も不思議に思わずに「スワ」と読んでいるが、何の知識もない者には実はこれほど難しい漢語はちょっとない。現在の中国人留学生に質問しても、まず答えられる者はいないだろう。ほとんど「死語」であって、しかもかなり古い時代にすでに死語に近くなっていたと思われる。なにしろ使用事例のある文献が皆無に近いのだ。

おそらく、平安時代初頭の当時の宮廷公卿の博士クラスでも、「諏訪」という漢語を正確に発音し、正確に意味を知っている者がはたして何人いたかというほどに、難しい言葉なのだ。使われる機会もきわめて少ない特殊な用語だ。

そもそも私が諏訪に関心を抱いたのは「諏訪」という語彙に魅せられてのことで、いかにも由緒がありそうな地名(姓氏は地名由来)との印象は持っていたが、その意味を解説するものはほとんどなく、本来の意味を私もずいぶん後まで知らなかった。

また、「諏」を「ス」とも読まないし、「訪」を「ワ」とも読まないところから、「大和」や「飛鳥」と同様に、好字令による当て字と思い込んでいるひとも少なくないだろう。大和は「ダイワ」であって「ヤマト」とは読まないし、飛鳥は「ヒチョウ」であって「アスカ」とは読まない。これらと同じように、諏訪も当て字であろうと思っているひとが大半であろう。諏訪は「シュホウ」であって「スワ」とは読まない、と。私も最近までそう思っていた。

しかし、それは誤認であった。「諏訪」には「ス・ワ」という読みがあったのだ。当て字でも、好字でもなかったのだ。

「諏訪」とは、古代支那の特別な階級でのみ用いられた宗教用語である。漢音で「シュ・ホウ」、呉音で「ス・ホウ」と読む。「神の意志・判断を問う、諮《はか》ること」である。

漢族であっても、よほど特別な立場、特別な知識階級でなければ知らないだろう特殊な語彙である。それが、おそらくは千数百年より以前の信濃（科野《しなの》）において用いられているということは、そういう人物がここに居て（来て）、地名として定着させるだけの立場になっていたことを意味することになる。すなわち、渡来人、それも道教の方士のような人物が考えられる。彼（あるいは彼ら）は、この地の宗教的重要性を当然ながら承知した上でここに居着いたはずで、そして以後の宗教的発展に深く関わったであろうことも間違いないだろう。それこそが諏訪氏の先祖か、あるいは科野国造の科野氏の先祖かもしれない（国造家は渡来が多いという歴史的事実もある）。

「信濃国諏方郡（略）建御名方富命神社《たけみなかたとみのみこと》」と『日本三代実録』（九〇一年成立）の貞観七（八六五）年の条に見られるのが現・諏訪大社の最も古い記録であるので、少なくともその以前に地名（郡名）が「諏方」であったことがわかる。

なお「諏方」という語彙は漢語には存在しないので、年月を経るうちに諏訪が略されたものであるだろう。その後、「諏訪」に戻されるが、こういった変化は、この記録の時（九〇一年）までにすでに相当な年月の経過していることがわかる手掛かりの一つである。

右に示したように「諏訪」は呉音で「スホウ」と読むが、これを和語（旧かな）では「スハウ」と記す。

ここから『古事記』に記される「州羽（スハ）」となり、他にも「須波（スハ）」などいくつか用いられるが、いずれも万葉仮名であるので、漢字の意味は問わず、単に音のみで文字を利用しているにすぎない。本来の「諏訪」が用いられないのは、あまりに難しい漢語であり、またまったく馴染みのない漢字、また当時の日本に輸入されていた漢文資料においても用例のない漢字であったからであろうか。

しかし「スハ」が元は「諏訪」であることは忘れられてはいなかった。

中央の文書には「州羽」などの書記がおこなわれても、地元の記憶は受け継がれ、地名として「諏方」が残り、さらに「諏訪」へと回帰したのだ。

最古の記録（九〇一年）で「諏方」となっているにもかかわらず、それからほどなくして「諏訪」表記の使用に変わっているのは、この最古の記録以前の記録があって、それには「諏方」ではなく「諏訪」と書かれていたのであろうと思われる。おそらくはその意味も示されていたのではないか。それゆえに、諏訪大社は「諏方」ではなく、むろん「須波」でもなく「諏訪大社」と現在記されている。

今となってはその具体的根拠はわからないが、結果から推測するならばやはり何らかの書き付けが関係者の手元にあったのではないだろうか（文字は口伝では残らない）。諏訪には大量の古文書が残っていて、いまだに完全な研究はおこなわれていないが、もしかするとそれらの中に含まれているのかもしれない。今後の研究に期待したい。

つまり、諏訪という地名は、漢語が元になって生まれた地名であって、和語（ヤマト言葉）ではないのだ。この地には、古くから――おそらくは紀元前から――渡来の痕跡がある。「スワ」が漢音ではなく呉音由来であることも重要な手掛かりだが、その証左は、諏訪大社の祭祀にも見出される。

「鉄鐸」の由来が示す諏訪の起源

諏訪大社の祭具にはいくつか独特のものがあって、そのうちの一つに「宝鈴」がある。次頁の写真のように先のほうがやや広がった鉄製の筒に中舌《ちゆうぜつ》が付いていて、振ると鳴り響く。

「この鉄鐸は室町時代初期に、大御立座神事《おおみたてまし》（酉祭《とりのまつり》、御頭祭《おとうさい》）のなかで、大祝の代理となる神使《おこう》が、三組の行列を作り、御杖柱と御宝鈴を持って、廻神と称する湛（タタエ）神事に出発する。神使三組は内県（茅野方面）、大県（上諏訪から湖北）、外県（上伊那郡内）を巡行し、各地のミシャグジ（樹木・岩石等）の地において、人々を集めて鉄鐸を鳴らして神事を行なったとみられる。（中略）鉄鐸を鳴らすのは、「誓約のしるし」で、（中略）ミシャグジ神の元で約束の鈴を鳴らし、違約のときは、ミシャグジ神のタタリがあると信じられてきた。」（原文ママ／『神長官守矢史料館のしおり』）

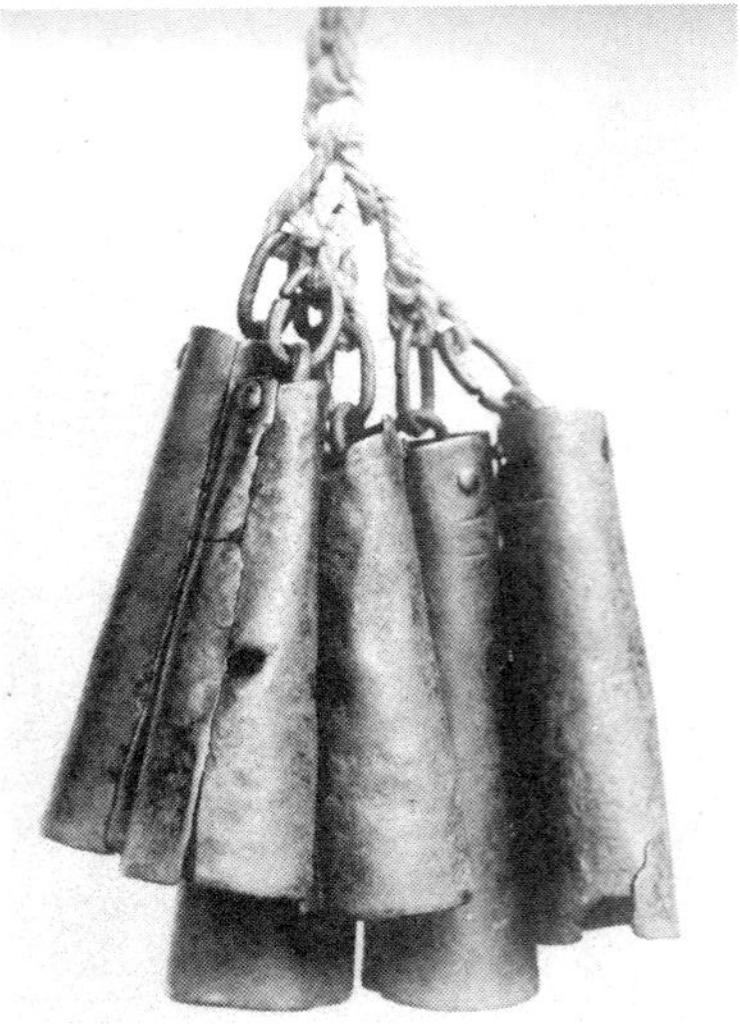

宝　鈴

「御宝鈴（鉄鐸《さなぎ》の鈴）当社門外不出の御神器である。上古において鉄鐸は古代祭祀の重要な祭器であったことであろう。その鉄鐸の鈴が当社に伝承されている。さなぎと称するのはササ鳴きの転訛であろうか。この鉄鐸は銅鐸の謎を解く鍵をひめているのではないかと近ごろ多くの人々の注目を集めている。」(『諏訪大社』)

　鉄鐸を鳴らすのは「誓約の証し」であるという。「ミシャグジ(神)」がその誓約に立ち会ったぞ、という告知の意味もあるだろう。また、この使用法の前提として、ミシャグジが本来「祟り神」として畏れられていたことがわかる。

　なお、引用中に「室町時代初期」とあるのが、現存の宝鈴の製作年代のことなのか、それともこれを用いた神事がおこなわれた時代のことなのか、文脈からは判断しがたいが、いずれにしても、それが唐突に出現したわけではないのだから、すでにそれ以前から原型に相当するものはあって、神事もおこなわれていたということであろう。

　鉄鐸は銅鐸が起源であるのは明らかだが、さてそれでは銅鐸はいずこが起源か。

銅鐸は紀元前二世紀から紀元後二世紀までの約四百年間わが国に現れて突然歴史の表面から消え去る。つまりその期間限定の王権が存在したということだろう。

　しかし周知のように「銅鐸」は「謎の遺物」とされていて、『古事記』にも『日本書紀』にもまったく登場しないし、いまだにその用途などは解明されていない。記・紀とは無関係の謎の時代・謎の文化が存在したのだ。

「銅鐸」は、日本人には常識ともいうべき遺物だが、日本人以外の人たちはまったく知らないと言っても過言ではない。ちょうど私たちが「前方後円墳」という言葉を自然に口にするように「銅鐸」も小中学生の時から馴染んでいる。前方後円墳という特異な形状の古墳は日本全国に約三千五百基あるが、中国にも朝鮮にもこの形状の古墳はほとんどない（韓国朝鮮に十基のみあるが、日本から移入されたもの）。

これと同じように、「銅鐸」も約五百個、日本国内で発見されているが、中国・朝鮮にはほとんどない。

確かに同じものはないのだが、どちらも原型は古代支那（china）にある。銅鐸は、古くは中に「舌《ぜつ》」と呼ばれる棒状のものがぶら下げられていて、全体を振って鳴らすようになっていた。このタイプのものを支那（china）では「鈴《れい》」と呼んでいたが（「すず」ではない）、日本ではなぜか「鐸《たく》」と呼んだ。鐸は上部に取っ手が付いていて、これを摑んで振って鳴らすもので、つまりハンド・ベルである。

そして鈴《れい》は、取っ手の代わりに紐を通す耳があって、吊り下げて揺らして鳴らす。この青銅製の鈴《れい》こそは、日本の銅鐸の原型である。そして諏訪大社に伝わる「宝鈴《ほうれい》（佐奈伎鈴《さなぎすず》）」は、これを鉄製にしたものである。

この「鐸」の発祥は周王朝である（付属物としての鈴《れい》は殷の時代に発生しているが、

単独での鈴《れい》は周代）。周では、朝廷の重要な祭祀においては特に大がかりに用いられており、余韻のある響きはまさに神韻《しんいん》縹渺《ひょうびょう》で、天を祀るような重要な儀式においては不可欠の祭器であったろう。

これが日本でどのように用いられたのかは、まったくわかっていない。まったく記録がないので、ただ想像するばかりである。なにしろこれほどの遺物について『古事記』にも『日本書紀』にも『風土記』にも何ら記述がないのだ。約四百年間にわたって五百個以上造られてきた祭器について（現在までに発掘発見されたのが五百個ということで、今後も発掘は続くであろう）、なんの記述もないのはきわめて不自然だ。

しかし記・紀の成立が八世紀であることを思えば、すでに三世紀初頭には地上から完全に消え失せていた銅鐸のことは、五百年以上が経過して、人々の記憶から消し去られていたのかもしれない。ただ、現在までに日本各地から出土している五百個もの銅鐸が、かつて人々の脳裏に刻んだ刻印はきわめて印象的であったのではないか。なにしろあの造形で、他に似ているものがまったくないという、きわめて特異なオブジェは、代々語り継ぐに値するものだろう。しかも、おそらくは「聖なる器」であったはずで、なによりも大切にされていたに違いないのだから。

そう考えると、人々の記憶から簡単に失われるとは考えにくく、たとえ禁じられても代々語り継いだであろうことは想像に難《かた》くない。また、消え去ってからの五百年間にも、偶然に発掘されたりしたことがまったくなかったとも思えない。発掘されても絶対的な「禁忌《タブー》」であるがゆえに、あわてて埋め戻されたとも考えられる。とすれば、記・紀には意図的に記されなかったということになる。それならば、その意図は何か。

私の仮説は、宗教革命である。二世紀後半から三世紀初頭にかけて、この国には宗教革命、祭祀革命があった。すなわち、銅鐸祭祀から銅鏡祭祀への革命である。五百個の銅鐸の発掘分布と製作年代を見ると、いつ頃どの辺りに始まって、どういう経路で発展・移動したかがわかる。今後も新たな発掘があって多少の変化はあるかもしれないが、すでに発掘されている事実が消えるわけではないので、ここで概観しておこう。

製作年代は紀元前二世紀から後二世紀までのおおよそ四百年間。

そして九州から始まり、近畿で全盛期を迎えて、中部・関東で終息している。

銅鐸は江南の呉人が前二世紀に渡来して伝えたものと私は考えている。呉は、祖王の太伯が周王家を出て建国したものだが、銅鐸の原型ともいうべきものは周の祭器である。それが紀元前二世紀に海を渡り、出雲にもたらされたのが始まりだろう。ちなみに呉人の集団的な渡来は何度かあったと推測されるが、直接東に向かって鹿児島の大隅半島に上陸した集団と、陸地沿いに北上してから海を渡り出雲に上陸した集団があったと思われる。そして、出雲へは「鐸」を、大隅へは「鏡」をもたらした。以後は渡来した呉人あるいはその隣国の越人みずからの手によって、独自のアレンジを加えつつ造られることになる。当初は後の銅鐸とはだいぶ趣を異にするものであったと考えられる。おそらくは小型で紋様などの装飾はほとんどなく、そして中舌があったであろう。振って鳴らす小型の鐘、ハンド・ベルであったと考えられる。ここから、日本の銅鐸の歴史が始まるのだ。以後四百年にわたる銅鐸祭祀が、王権の象徴的なイベントとしておこなわれることになる。

そして二世紀の後半には、「銅鏡」を祭器とする政権が主導権をつかんだ。この瞬間に、出雲・摂津地域を中心としていた政権は、約四百年の統治に終止符を打ったのだ。そして臣下に組み込まれた。

「銅鐸」を用いた祭祀がどのようなものであったかは今はまだ判然しないが、少なくともその後の神道祭祀とは一線を画するものだろう。

海人族（呉人が中心）が南九州に持ち込んだ民族宗教は古代道教であったろうと推測されるが、そのエッセンスは神道にも吸収・継承されている。しかし「銅鐸」とともにあった宗教は行方不明である。ただ、銅鐸文化とともにその担い手たちが滅ぼされたわけではなく、むしろ統合され、支配下に入ったと考えたほうが妥当だろう。つまり、この祭具は、周王朝の祭祀につながるものということになる。その子孫によって原型がもたらされ、その時に漢字・漢語も当然もたらされたものだろう。その血統は、いまなお諏訪に引き継がれているのかもしれない。

なお、支那（china）の正史である『史記』（紀元前九一年）や『漢書』（八二年頃）、また正史以外でも『論衡』（一世紀末）には日本（倭人・倭国）についての記述がある。記・紀より六〇〇年以上古い記録である。交流の始まりがいつ頃かは判然しないが、少なくともこの直前の時代、つまり周王朝（紀元前一〇四六年頃〜紀元前二五六年）の時には「倭」と呼ばれていた（あるいは名乗ってもいた）と確認できる。わが国が「倭」から「日本」へ呼称を代えるのは八世紀のことであるから、おおよそ一千年間は「倭」と呼ばれていたということが、これら支那（china）の歴史書からわかる。そして同時に、当時から江南地方（呉越地方）と往来交流があり、とくに関わりがあったことをうかがわせる。

ところで「スワ」が漢音でなく呉音由来だと先に指摘したが、呉音とは、日本で漢字を音読みする際の一種である。もう一つの発音を漢音というのだが、これは奈良時代に遣隋使や留学僧が持ち帰ったもので、呉音はそれ以前にすでに日本に定着していた発音である。ちなみに万葉仮名に用いられている漢字の読みは、すべて呉音である。

支那（china）においては、唐代にこの呼び名が使われるようになったとされており、首都・長安では都会音として秦音という呼び名を作り、都外の発音は別の呼び名としたが、とくに江南（長江の南側）の発音を呉音と呼んでいたようだ。呉は、周から分かれて建国された国である。——つまり、「宝鈴」という祭具の由来も、「諏訪」という言葉の由来も、ともに古代支那（china）、それも江南を示唆しているということだ。祭具や言葉が渡来しているならば、それと共に当然「人」も渡来しているはずであり、その「人」たちによって諏訪の祭祀は大きな影響を受けているはずである。

その〝諏訪の祭祀〟は、かなり特異な姿である。なかでも「御柱祭」と「御頭祭」は特異さが際立っている。そして「まえがき」でも述べた通り、六年ごとに建て替える「御柱祭」（おんばしらさい、みはしらさい）が二〇一六年に迫っている。日本三大奇祭の一つにも数えられる盛大かつ奇妙な祭りであるが、ニュースなどで喧伝されているイメージと、本来的な意味とは実はかなり異なる。そして諏訪の謎は、やはりこの「御柱」に集約、象徴されている。——次章で、その本来の意味を解き明かそう。

第二章 「御柱《おんばしら》」とは何か

御柱の意味

諏訪を語るのに、「御柱祭」を抜きにしては不可能――とりわけ諏訪地方の人々にとっては、六年に一度のこの盛大な祭りのために日々を過ごし、祭りが終わった直後から、もう次回のための準備に入るというほどに密接である。諏訪の人々の暮らしは、「御柱祭」と共にあって、文字通り一体なのだと言われている。

その御柱祭とはどのような祭りなのか。

「式年御柱大祭は社殿の御造営《ぞうえい》行事と御柱の曳建《ひきたて》行事とにわかれているのであるが、社殿の御造営が神社の内部的祭事であるのに反して、御柱の曳行《えいこう》並びに曳建は古来信濃一国の氏人の奉仕により、又近来は諏訪地方三市一郡二十万の氏子によつて、延々二十数粁《キロメートル》の沿道に亘って奉仕されるので、御柱祭の焦点がここに集中するのも当然である。

即ち一般にいう御柱祭とは、寅申歳七年目毎に五丈有余の巨大な樅《もみ》の柱を上下両社とも夫々社殿の四隅に新しく曳建を行う行事で、山出《やまだし》祭と里曳《さとびき》、曳建祭とに分かれて奉仕するのである。」

（『諏訪大社復興記』諏訪大社編より／改行は筆者による）

右に「七年目」とあるのは「六年毎」と同意であって、十二支の年回りで寅年と申年におこなわれるということに変わりはない。つまり十二支の一回りである十二年間に二回おこなわれるという大祭だ。

御柱祭は正式には「式年御造営御柱《みはしら》大祭」という。

「諏訪大社の諸祭儀の中でも特筆すべき大祭で、社殿の建替とその四隅におんばしらと呼ぶ大木を曳建てることに大別されます。

起源は遠く古代に遡りますが、平安朝時代初期桓武天皇の御代からは信濃国の総力をあげて奉仕され費用の調達の為に元服の式や婚礼、家屋の新築や増改築が禁じられたこともあります。

　唯今では造営も一部の建物に留まり、奉仕も諏訪地方一円二十万氏子へと縮小され、老若男女の区別なく御奉仕頂いております。

　おんばしらの用材は樅の木が使われ、三年前から木の選定等準備が始まり、上社関係は約25キロ隔たる八ケ岳の中腹から、下社関係は八島高原の近くから約10キロの里程を曳き出します。大きな柱は周囲三米、長さ十六米余、重さ十二、三トンにも及び、独特の木遣り歌と共に二、三千人の人々に依って曳行されます。

　車もコロも使わず人の力だけで曳き摺る為に原始的ではありますが、急坂を曳き落としたり、川を引き渡したりして怪我人が出ない方が不思議と言われる程に荒く勇壮な行事として知られ、奇祭の一つに挙げられています。」

（『諏訪大社由緒略誌』／改行・傍線は筆者による）

　この〝御柱年〟には、諏訪地方では、ほぼすべての神社で御柱の建て替えがおこなわれる。街角の小祠から境内社の一つ一つに至るまで、その数は膨大であるが、大小にかかわらず、特別の例外を除いてすべて建て替えられる（一説に三千本ともいわれる）。

　諏訪大社上下四社の巨大な御柱には誰もが驚嘆させられるが、ほんの小さな道祖神

木落とし（2010年、御柱祭。写真提供・共同通信社）

建御柱（2004年、御柱祭。「信濃毎日新聞」2004.5.5朝刊。写真提供・信毎フォトサービス）

にも〝すりこぎ〟のような可愛らしい御柱がきっちり四本四隅に建てられている様はなんとも感動的だ。これは、伊勢の遷宮が摂社・末社を含む一二五社すべてでおこなわれるのとは別の意味で〝強烈な意志〟を思わせる。しかも諏訪の人々は、これを千三百年以上続けているのだ。ここまで徹底して御柱を建てるには、よほどの理由がなくてはならないだろう。

上社を例に祭りの次第を要約しよう。

一、**【山出し】** 山から巨木を伐《き》り出す

上下合計十六本あるが、いずれも重さ十トン以上。一年前に選定された印に**薙**《なぎ》**鎌**《かま》が打ち込まれている**【本見立て式】**。なお、里曳き前に樹皮がはがされる（樹皮をはがすようになったのは近年のことで、元々は樹皮は付いたままであったが、ある地区がおこなったのを皆が真似して以来という）。

二、**【御柱街道】**

山出しから茅野市安国寺の御柱屋敷までの約十二キロメートルを御柱街道と呼ぶ。この間の街中を「車もコロも使わず人の力だけで」引き摺り回す。御柱は、本宮一之御柱、前宮一之御柱、本宮二之御柱、前宮二之御柱という順番で、計

小さな祠にも四隅に建てられている御柱

八本、氏人たちによって曳行される。上社の御柱にはV字型の角のようなメド梃子《てこ》が柱の前と後に付けられる（下社の御柱にはない）。これでコントロールするのだが、氏人が隙間なく取り付いて「おんべ」を振る様子は代表的な風物詩になっている。

三、【木落とし】

御柱といえば「木落とし」というくらい有名な場面で、祭りのクライマックスである。氏人たちをメド梃子その他にびっしりと乗せたまま、傾斜角度約三〇度（下社は三五度）、距離八〇メートル（下社は一〇〇メートル）の木落とし坂から下り落ちる。きわめて危険な行事であって、これまでに少なくない死傷者が出ている。
とくに下社の御柱は危険度が高く、御柱は轟音を轟かせながら急坂を突進し、大歓声の中、最後まで振り落とされずに乗り切った氏人は喝采を浴びて「英雄」となる。

四、**【川越し】**

山出しの締めくくりは、幅約四〇メートルの宮川を突っ切るものである。この時期（四月初頭）はまさに雪解け水が流れを増す時期であって、凍るような水温である。年によっては降雪のただ中ということさえあるが、その川の中に柱は突き落とされ、川越しする。

川を越えて間もなくのところに**【御柱屋敷】**があり、里曳きまで一ヶ月間、御柱はここに安置される。

＊**【御柱休め】**

前回の建御柱から六年間建ち続けた古い御柱を撤去する。

五、**【里曳き】**

里曳きは、御柱屋敷から各宮までのわずかな距離（前宮までは約一キロメートル、本宮までは約二・五キロメートル）をゆるゆると、また賑々しく曳いて行く行事である。それまでの激しい曳き回しとは打って変わって華やかな祭りである。本宮四本、前宮四本が先導の「お舟」に続いて順に進み、花笠踊りや騎馬行列などが賑わいを一層高める。

六、**【建御柱】**

御柱祭のフィナーレが建御柱である。各宮の四隅に一本ずつ建てる行事である。まず、曳いて来た御柱の頭を三角錐に切り落とすが、これを**【冠落とし】**という。その後、御柱に何本ものワイヤを取り付けて、巻き上げて垂直に建てる。建てる間もずっと御柱には氏人たちがびっしりとしがみつき、滑り落ちて死傷者が何度も出ている。そして根本を固める**【穴埋めの儀】**がおこなわれ、終了となる。

七、**【宝殿遷座祭】**

御柱祭開始の前に**【宝殿造営】**がおこなわれ、御柱里曳きの前に**【遷座祭】**がおこなわれる。

正式名称は「**式年造営御柱《みはしら》大祭諏訪大社上社本宮宝殿遷座祭**」という（「みはしら」が正式で「おんばしら」は通称）。

神職のみによっておこなわれ、立ち会いも一部の氏子代表等に限られているため一般にはあまり知られていないが、これこそが式年祭の中心祭祀である。御柱祭は、この祭祀のいわば付属行事であり、造営・遷座成った宝殿に捧げるのが建御柱である。

――以上が御柱祭の次第概要であるが、とくに「木落とし」目当てで毎回多くの人々が全国から集まる。

梅原猛氏も、その感動を記している。

「［木落し］というのは山の斜面から御柱を落とすのであるが、裸の木に人が馬乗りになり、身体を支える何もない状態で、急斜面を降りるのである。ものすごいスピードで落下する。御柱に乗る男たちはその行方も知れぬ柱に必死でつかまり、振り落とされ、振り落とされたらまた乗り、と危険を繰り返すのである。最後まで御柱に乗っている男は英雄となるが、御柱の下敷きになったり、振り落とされて死ぬものもいる。御柱には死者は付きものである。しかし誰も祭りの残酷さを責めようとはしない。むしろ死人が出ることで祭りは盛り上がり、神はそれを喜び給うているとこの土地の人は思っているかのようである。」（『日本冒険』＊傍線は筆者）

また、画家の岡本太郎氏は、諏訪に格別の愛着があったようで、たびたび訪れ、御柱祭にも参加している。一度は木落としの御柱に乗ろうとして皆から止められたそうだが、その際に「死んだっていいじゃないか！」と叫んだそうだ。どこまで本気だったかはわからないが、「死」を身近に感じていたのか、祭りの雰囲気に感化されたのか、いずれにせよ常軌を逸するほどに興奮していた様子が偲ばれる。他にも著名人が御柱祭の熱気や勇壮さを伝えている例は枚挙にいとまがない。祭りというものは、「血」を見ることで、いやが上にも盛り上がる。

今は、YouTubeなどのネット動画で、様々な画像体験がいくらでもできるので、未経験のかたは一度ぜひご覧いただきたい。とくにクライマックスの「木落とし」はなんと言っても圧巻で、信仰心と無関係に眺めても見応えのあるイベントだ。その勇壮さ盛大さに気を取られて、ほとんどのひとは唖然呆然として思考停止状態になるはずだ。実は私も初見の際は、すっかり雰囲気に呑まれていた。

しかし、ふと我に返ってこの祭りを反芻してみた時に、私の頭には疑問符がいくつも浮かんだ。これだけの大人数で曳き回し（引き摺り回し）、その上にびっしりと人が乗り、尻や足裏で踏みつけにする。前出『諏訪大社由緒略誌』にもあるように「車もコロも使わず人の力だけで曳き摺る為に原始的ではありますが、急坂を曳き落としたり、川を引き渡したり」なのだ。そうすることで「柱」をどうしたいのか、さっぱりわからないというのが初めて見た時の私の感想だ。

御神木を神社に運ぶ、いわゆる「御木《おこ》曳《びき》祭」を私は各地で見聞してきたが、そのすべては静々と厳《おごそ》かに曳行される。——しかし、諏訪では様子がまったく異なる。

どうぞ読者の方々もこのイベントのおもしろさと不可解さとを同時に味わってみていただきたい。そして、その感想感覚こそが、諏訪の根源的な謎を解く〝鍵〟になるはずである。

本殿のない神社

さて、私が今回の執筆にあたって再び諏訪を訪ねたのは、御柱そのものの確認である。真っ先に前宮に参詣し、拝殿を右に廻って一之御柱をじっくり眺めた。以前来た時は秋であったが、今度は真夏である。前回と同様に御柱の前に近寄り、掌で触れてみる。表皮を剝いただけの自然木は吸い付くように滑らかな肌触りで、夏の陽射しを受けて熱いくらいだ。六年ごとに建て替えられる「御柱」は次の時までこうして静かに佇んでいる。どの柱も他の何ものとも連結されず、ただ単独で屹立している。建てられてから六年後に引き抜かれるまで、まったく何もない。

地元ではこの柱を「ミシャグジの依り代」だとしているようだが、それははたしてどうだろう。もしそうであるなら、この「御柱」そのものが崇敬・拝礼の対象となるだろう。しかし参拝者が御柱そのものを拝礼している様を、私は見たことがない。この日も、拝殿には次々に参拝者がお詣りしているが、御柱の前は眺めるだけか、多くは素通りだ。むろん、社祠の背後に建つ三之御柱や四之御柱は草むらに覆われていて、人跡そのものが希薄である。

　しかしいずれにしても、古式が素朴な形のまま受け継がれた珍しい例であることは間違いない。四本の柱で囲まれたエリアを最も神聖な場所とする思想は神社の原型でもあるだろう。拝殿しかなくて、本殿がないというのも古い形だ（前宮のみ本殿があるが、元々は本殿ではない）。

　大多数の神社は、鳥居をくぐるとまず拝殿があって、その奥に本殿、そして本殿の中に御神体が祀られている。しかし古社の中には大神神社《おおみわじんじゃ》や金鑽神社《かなさなじんじゃ》のように、拝殿のみで本殿がなく、背後の山そのものを御神体として祀っているところがある。こういった信仰の対象となる山を神奈《かんな》備《び》、あるいは神体山という。

諏訪大社前宮・一之御柱

　そういう意味では諏訪は最も古い信仰形態の典型であって、社殿の建築自体はあまり重要ではない。むしろそういうものを取り払った状態で考えるべきだろう。諏訪の場合には、御神体と御柱のみ、という姿を想像すると本質が見えてくる。

御神体は下社春宮がスギの木、秋宮がイチイの木、上社前宮がケヤキの木（磐座《いわくら》という説、古墳という説もある）、本宮が神奈備（神体山）であるとされる（異説あり）。いずれにせよ、樹木、岩、山といった自然物の中で特に際立ったものを神の依り代として崇拝するのは最も原初の神道信仰の形である。

また、依り代を囲うように四本の自然木を立てて聖域と為す方法も神社建築の原型で、地鎮祭などの際に忌竹《いみだけ》と称する青竹を四本立てて注連縄《しめ》を張り巡らせ、その中で祭祀をおこなうのも同じことで、これは仮設の神社を表すものだ。


ところで、私はかねがね不思議に思っているのだが、諏訪大社はなぜ諏訪湖が御神体ではないのだろう。川や滝や湖は格好の神の依り代で、全国各地で崇敬の対象になっている。たとえば熊野三社では、熊野本宮《ほんぐう》大社は熊野川を御神体とし、熊野那智《なち》大社（飛瀧《ひろう》神社）は那智の滝を御神体に、そして熊野速玉《はやたま》大社はゴトビキ岩という巨岩を御神体としている。

上社と下社は諏訪湖を挟んで南北にある訳で、諏訪湖と密接な関係にあることは明白である。しかもいずれも拝殿だけで本殿がないというのは、なおさらそれを思わせる。レーザー解析による航空写真を見ると、諏訪湖はかつては今の倍ほどの大きさで、諏訪社は四社ともに、元々諏訪湖の水辺に建立されたのだということがはっきりわかる。湖畔周りで現在住宅が立ち並んでいる平野部は、かつて諏訪社が建立された頃にはすべて湖水に覆われていた。つまり、この地域の人家は斜面のわずかなスペースにしかなかったのだ。現在、諏訪湖との関係をはっきり示すのは春宮だけであるが、おそらくは、かつては四社ともに湖から直接参道となっていて、きわめて密接な関係にあったと考えられる。

ちなみに前宮は無人の社である。山の中にひっそりと佇み、すぐ脇を流れる清流の音だけが辺りに響く。規模は四社の中で最も小さいが、風通しの良い、爽やかな佇まいだ。私は、ここが一番気に入っているが、諏訪大社の巫女たちにも一番人気があるらしい。他の三社は車道から社殿が見えてしまって、荘厳さや神聖さを感じにくいが、ここには古代を偲ばせる独特の気配がある。昭和七年に新たに建設された現在の拝殿が似つかわしくないと思うのは私だけではないだろう。そしてこの神さびた古社の周囲四カ所にも、ひときわ高い白木の自然木が剝き出しで立てられている。まるで天に向かって屹立する男性器のように。あるいは大地に穿つ封印の楔ででもあるかのように。

いうまでもないことだが、日本の伝統的な建築物で最も古い様式は神社に見ることができる。出雲大社は古代の住居建築であると言われ、伊勢の神宮は倉庫建築であると言われる。しかし神社建築に共通する最大にして唯一の特徴は「心《しん》の御柱《みはしら》」である。これさえ遵守されていれば他は単なる様式《スタイル》や意匠《デザイン》の変化にすぎなくて、本質とはあまり関係ない。

それではその「心の御柱」とは一体何か。それは、社殿の中央の地に突き刺さる一本の掘立柱である。心の御柱は天地を貫くものというのが本義である。その柱にどのような床や屋根や諸々がまとわり付いていてもいなくてもさほど意味はない。

出雲大社は文字通り中心の支柱が心の御柱であり、それ以外の柱は宇豆柱《うずばしら》という。伊勢の神宮はさらに特別で、これについては後で詳述するが、神宮の究極の姿はこの一本の「柱」であるとさえ言えるかもしれない。

そして諏訪大社の御柱《おんばしら》も本質はここにあるだろう。御柱は四本を四隅に掘り立てるが、その内側に鎮座する社殿にはあまり意味はない。御柱こそが本質であり、御柱に囲まれた神域に神は降臨すると私たちの先祖は考えた。

大地に突き立つ木柱――寺院にはこういった制限は特にないが、神社はこれを大原則としている。そのため、ビルになった神社はきわめて稀で、しかも神社本庁も基本的にこれを認めない。なかにはビルの一隅に上から下まで続く筒を設けてその中を土で満たし、屋上の社殿と地下の地面とを接続するという方法を採ったところもある。

上は現在の前宮拝殿（その奥に本殿）。
下は昭和七年に改築される前の姿で、本殿のみ。

しかし残念ながらこの姑息な方法は神社本庁の認定するところとはならなかったようだ。あくまでも柱によって天と地が貫かれていなければならないのだ。しかも中心の最も太い柱は、必ず掘立柱でなければならない。つまり不動の大地に突き立って、天に向かって貫いている。これこそが神社の大原則である。

天地を貫く心《しん》の御柱《みはしら》

「諏訪の御柱の意味」について、これまで挙げられている代表的なものを紹介しておこう。

一、仏教の四無量「慈・悲・喜・捨」（『諏訪効験』鎌倉時代）
二、仏教の四守護神「持国天（東）・広目天（西）・増長天（南）・多聞天（北）」（『諏方大明神画詞』）
三、四菩薩「普賢・文殊・観音・弥勒」（「上社物忌令」）
四、四神「青龍（東）・朱雀（南）・白虎（西）・玄武（北）」（『信濃国昔姿』）
五、社殿と同義（「上諏方宮御柱神事口訳」江戸時代後期）
六、諏訪明神の本体であり、天地は御柱を以て立つ（神長官守矢家に伝わる説）
（参考『諏訪大社』）

その他にも異説があって、主に十説が流布されている。しかし三輪磐根その他も指摘しているように、いまだに「定説はない」のだ。つまり、これらの説はいずれも説得力に欠けるということで、私もまったく同意できない。なにしろこれらのいずれの説でも、説明できない謎が残ってしまうのだ。実は、これらほぼすべての説に共通する〝認識洩れ〟がある。見えないのか見ないのかわからないが、その事実を解釈の論理に組み込めば、否が応でも別の結論になるはずの〝条件〟が欠落しているのだ。

　これまでに諏訪の御柱を論じたものは少なくないが、近年ではおおよそ収斂されてきている。五の説と六の説の合体に近い。すなわち、御柱を「神の依り代」としており、神社に共通の「心御柱」と見立てている。すでに述べたように心御柱とは、神社の社殿を建築する際に、その中心とする柱である。いわゆる〝大黒柱〟だと考えてもらえばよい。諏訪ではそれが四本あるということになる。

「柱」は神道においてはきわめて重要な意味を持っており、神道の本質に関わるものである。日本神話でイザナギ神とイザナミ神は「天の御柱」を廻ることから神生みを始めており、神を数えるには「柱」という単位を用いる。「柱」は文字通り神道の〝根幹〟である。

諏訪の御柱は社殿とは直接の関係なしに屹立しているが、社殿のあるなしは実はあまり重要ではない。伊勢神宮の心御柱も、実は社殿と連結していない単独の柱である。その三分の一ほどが地面に埋設されていて、他は地上に出ているが、社殿は接続していない。

伊勢の神宮には謎が多いが、最も重大な謎はこの「心御柱《しんのみはしら》」である。内宮も外宮も本殿の中心部の真下に、心御柱がある。忌柱《いみばしら》・天御柱《あめのみはしら》・天御量柱《あめのみはかりのはしら》ともいう。長さ五尺三〜五寸（天皇の身長という説あり）ほどのもので、『御鎮座本記』などによると、それに五色の布を巻き付け、さらに八葉榊《やつばさかき》で飾り立てて、その周りを天平瓮《あまのひらか》という土器を八百枚積み重ねて被っているという。本殿は、この上を覆うように建っている。

神宮を訪ねると、内宮も外宮も隣接地に空き地があって「古殿地」と称されているのを誰でも見ることができる。二十年毎に隣接地にそっくり建て替えられる遷宮のための敷地である。その古殿地は一面玉砂利が敷き詰められているが、中央にぽつんと小さな屋形のみが鎮座する。これこそは、心御柱覆屋《しんのみはしらおおいや》である。二十年経つと、隣接地へ新しい社殿が建設されて、旧社殿は取り払われるが、心御柱のみは覆屋ともども残されて、次の遷宮を待つことになる。つまり、新社殿には新しい心御柱があり、同時に古殿地には古い心御柱がある、というわけである。

次の遷宮では、この古い心御柱覆屋を基準に建設がおこなわれる。そしてもちろんその第一は、心御柱の建て替えである。神職のみによって、深夜の秘儀としておこなわれ、掘り出された古い心御柱は、内宮と外宮の中間域に埋葬されるのだという。つまり、心御柱は四十年で死ぬ、ということになる。

心御柱については、神宮の古い神体であったことの名残りという説、地神を鎮めるものという説、などがあるが、定説はない。しかし、注目すべきは「四十年で死ぬ」ということにある。神宮は一年を通して多くの祭祀がおこなわれるが、「葬儀」に相当するものは、唯一これのみである。まったくの私見だが、神宮の本来の役割は、もしかするとここにあるのかもしれない。

社殿の遷宮は、まさに再生の祀りである。そして解体された旧社殿の木材もすべて再利用される。しかし唯一、心御柱は再利用されない。四十年経つと、埋葬されるのだ。しかも、古殿地・現殿地ともに、心御柱は常に突き立っていて、空白の時間はない。これは、再生とは異なる意味を持っているだろう。継続して鎮める機能と理解すべきであろうし、なおかつまことに用心深いことに隣接地両方に常に突き立つものである。神宮の社殿を造営し、遷宮を制度化したのは天武天皇であるが、祓い続け、鎮め続ける重大な理由が、ここには込められているのだ。

さてそれでは、「諏訪の御柱」は「心御柱」なのだろうか。「柱を建てる」という見かけは似ているのだが、完全に別物であるようにも思えるのだ。さらに言えば、他の大多数の神社の、いわゆる「御柱」とも、別のものではないのかと思わせる〝証し〟というか〝事実〟が厳然としてある。

なぜ諏訪人は「御柱」を引き摺り回すのか？

左頁の写真の御柱をご覧いただきたい。これは、本宮・一之御柱と前宮・一之御柱の〝表面〟と〝裏面〟である。御柱の実物を見ていただければわかりやすいのだが、正面はツヤのある木肌が美しいが、その背面はどうだろうか？

写真や映像でしか御柱を知らない人には想像もつかないと思うが——背面が映されることはまずないし、私も映像では見たことがない——実は、無残に磨り減っているのだ。

それもそのはずで、御柱は、山で切り出されてから、延々と地面を引き摺り回されてから各宮へ到着する。しかも「車もコロも使わず人の力だけで曳き摺る」（『諏訪大社由緒略誌』）のである。しかもその上には隙間なく人間が乗り込んでいるのだ。大木の自重だけでも相当に摩耗するだろうが、人間がびっしりと乗り続けるのだから、さ

諏訪大社本宮・一之御柱、表面（右）と裏面

諏訪大社前宮・一之御柱、表面（右）と裏面

らに磨り減る。

これが、先に指摘した「いずれの説でも、説明できない謎」「ほぼすべての説に共通する〝認識洩れ〟」である。

卑近な例で恐縮だが、昔の西部劇映画では必ずお決まりのシーンがあった。主役のカウボーイが悪漢の投げ縄に捉えられて落馬し、そのまま地面を引き摺り回されるという嗜虐《サディスティック》的なシーンだ。もっとも映画であるから、これはこの後復活して、見事に悪漢をやっつけるための伏線なのだが、子どもたちは、引き摺られてボロボロの傷だらけになっているカウボーイが死んでしまうのではないかと思って毎度ハラハラドキドキしていたものだ。

このようなシーンは、実は洋画には付きもので、現代のハリウッド製や香港製アクション映画でも踏襲されている。現代の日本人には馴染みにくい発想であるが、世界的に見ても人類の異人種に対する仕打ちはきわめて残酷で、ほんのこの前まで、生身の人間を引き摺ったり、引き裂いたり、吊るしたりしていたのだ。そしてこのような所業は、人間の本性《ほんしょう》でもある。人間は「大義名分」が付くと、いくらでも残酷残虐になれる生き物なのだ。

さてそれでは、西部劇と諏訪の御柱と何が共通するのかといえば、「見せしめ」である。引き摺り回して傷だらけにするという行為は「見せしめ」以外の何ものでもないだろう。すくなくとも、その行為には「敬意」とか「尊崇」とか「畏怖」とかいう類のものは完全にないだろう。感情が込められているとすれば、むしろそれらとは対極にあるもの、たとえば「辱しめる」とか「貶める」とか「虐げる」という類の〝悪意〟だろう。

悪漢が正義のカウボーイを引き摺り回すのは、それを遠巻きに眺めている民衆たちへの「見せしめ」である。「おれたちに抗えば、おまえたちもこうなるぞ。よく見ておけ」という示威行為《デモンストレーション》である。それでも悪漢には「大義名分」がないため、正義が逆転することになるが、諏訪の御柱には「大義名分」がある。それは、「神への捧げ物」である。——すなわち、これは「贄《にえ》」なのだ。

現在では御柱祭は、全国各地の「御木曳祭」と同一視されている。御木曳祭には「木落とし」や「川越し」はないのだが、「木を曳く」という共通点のみで同一視されている。

たとえば富知六所浅間神社の御木曳などは、切り倒した大木の両端を白布で覆い、そこに注連縄を掛け、上には幣帛《へいはく》を立てる。そして地面に接触しないように（ケガレが付かないように）、木車の付いた台車に載せてゆっくりと曳く。

伊勢の木曳でも、出雲の木曳でも、基本的には一緒である。ご丁寧に「御神木」という木札を掲げることもある。これすべて、神の依り代たる御神木なのだから当然と言えば当然であるだろう。

もちろん御神木の上に人が乗ったりすることはない。神の依り代を人間が足で踏みつけるなど言語道断であろう。台車に載せて運んだり、担いだりするのは、高く掲げることによって敬意を表す意味もある。人間が見下すようなことはされるはずもない。

御神木の処遇というのは、こういうことである。

伊勢や出雲の遷宮では、すべての行事に先立って「お木曳き」がおこなわれる。山から伐りだした大木は、それぞれの社殿の建築用材であるから当然丁寧に扱われる。すべて御神木に準ずる扱いである。


すでに紹介したように、これらの全国の「御木曳祭」と、諏訪での扱いはまったく異なるのだが、〝同じ〟だという勘違いがいつの間にか行き渡ってしまった。

その勘違いから、各地の諏訪社では御柱を引き摺らずに、伊勢神宮のお木曳きを真似て、木車の台車に載せ、白布で覆い、ご丁寧にも「御神木」と記した札を掲げ、注連縄・幣帛まで付けてしずしずと運ぶところまで出てきている。

しかしもちろん、これは本来の趣旨とは異なるものだ（ただ、祭りというものは、本来の趣旨に合わせるばかりがよいというものでもなくて、時代とともに変化変質するものだから、それはそれで構わない。諏訪の御柱祭でも「進軍ラッパ」が評判であるが、後世のものであるのは言うまでもないだろう）。

諏訪大社の御柱は、他の神社の御神木とは似て非なるものである。台車を使わず、地面の上を直接引き摺る。注連縄も幣帛もない（注連縄は途中から付け、幣帛は近年付けるようになった）。しかも、御柱に氏子の男たちが土足で乗る。急坂から突き落とし、冷たい川に放り込む。御柱は傷だらけとなるが、それを喜ぶ。さらに、あろうことか、御柱に薙鎌を打ち込み、鉈で文字やバッテン模様を刻む。――これらは御神木であれば、けっしておこなわない所業であろう。つまり、諏訪の御柱は御神木ではないということになるだろう。御神木に対してこのような仕打ちをすることはあり得ないからだ。御柱を〝生き物〟だと仮定してみると、よりわかりやすいだろう。これだけの仕打ちを受けた〝生き物〟はどうなるか。これは、神前に捧げる〝血の供膳《プレゼンテーション》〟であろう。

ちなみに御柱を引き摺る際に「木遣り」を唄うのが決まり事になっているが、諏訪の木遣りは江戸の木遣りとは趣がだいぶ違う。音程も異なるが、なによりもひときわ

戦前の絵葉書に見る御柱（上社本宮一之御柱）の写真。
切り込みによる交差紋様が見て取れる。

甲高い声で唄い続ける。そして実は、諏訪では「唄う」とは言わない。「なく」と言うのだ。これに「鳴く」という字を充てているが、本来は「泣く」だったのではないかと私には思われる。木遣りの甲高い声は、まさに泣いているかのようだし、そもそも「木遣り」という唄になったのはさほど古いことではないだろう。かつては本当に泣いていたのかもしれない。人身御供を悲しんで、泣き声で見送ったものに、代用の木柱になったことで木遣り唄を導入したのかもしれない。

御贄柱《おにえばしら》

御柱が「贄」であろうという証しが前宮の祭具にある。文字通りの「御贄柱」だ。諏訪大社最重要の例祭である「御頭祭《おんとうさい》」において祭壇の中央最前列に捧げられる祭具である。

御頭祭とは、上社第一の祭儀で、「本宮での例大祭の後、（略）行列を整えて神輿を前宮十間廊に安置し、御杖柱の幣帛を献り鹿の頭、鳥獣魚類等の特殊な神饌をお供えして大祭が行われる。」（『諏訪大社由緒略誌』）

文中「御杖柱」とあるのが「御贄柱」のことである。

「御贄柱（おにえはしら・おんねばしら）とも御杖《おつえ》ともいい、二本が並べられた、無節の桧の角柱の上端をとがらせ、これにヒノキ、コブシ、ヤナギ、ジシャの枝、そして柏の葉に麹を盛ったものを折りバシに差して取り付けさらに矢をつける。これを篠《しの》のムシロの上に置く。」（『神長官守矢史料館のしおり』）

菅江《すがえ》真澄《ますみ》（江戸後期の博物学者。一七五四〜一八二九）の貴重な証言である『すわの海』という紀行文からは二百三十年前（天明三年／一七八三）の祭儀の様子が詳細に浮かび上がる。

この時のスケッチが左の二点である。御頭祭の供物について一つ一つ着色され、かなり丁寧に描き込まれている。左上図の右端が「御贄柱」で、次頁には鹿の首、兎や蛙の串刺し、脳和えなどの「特殊神饌」が描かれている。茅野市の神長官守矢史料館の展示は、この絵図を元に復元されているものだ。

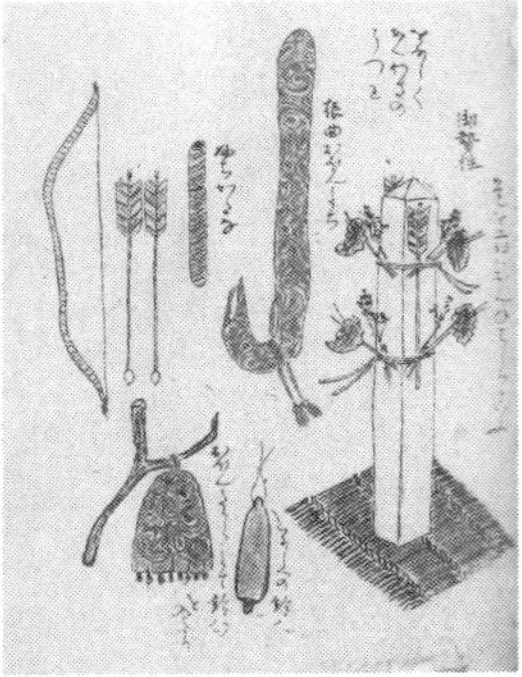

なお、菅江真澄はこの紀行文の中で、「御杖柱といふもの、御贄柱といふ人あれど、こはそれならじといふ」と述べている。つまり、御杖柱は御贄柱ではないと地元の者から聞いた、というものだ。この証言者がどの程度祭祀に関与する者であ

菅江真澄による「御頭祭供物」の図会（右頁も）。

ったか、あるいはただの観客かまったくわからないが、とくに根拠も示されているわけではないので、そう思っている者もいた、ということであろう。すでに江戸時代後期でもあるので、祭儀次第等もずいぶん原型から変化しているはずで、諏訪人の認識も人によって違いがあっても無理からぬところだ。

「御贄柱」の現物は、左の写真のように数種類の樹枝が先端にくくりつけられた白木の角柱である。先端は御柱と同じく三角に削られており、角柱のみであれば〝墓標〟そのものである。

御贄柱
（昭和12年刊行の『諏訪史』より）

「高さ七尺三寸（二メートル余り）の檜柱に檜枝、柳枝、チシャの小枝、コブシの枝花、柏葉を取り付け、矢一手を加えて蔓で結び、その結の上に長さ五尺の五色絹を掛けた御杖柱を、禰宜以下が神饌をお供えした後に、宮司がこれを奉奠したことである。」（『諏訪大社』）

しかしこれがなぜ「贄」の柱なのか（ちなみに三輪磐根『諏訪大社』では「御杖柱」の語を用いており、全編を通じて御杖柱に限らず「贄」への言及を慎重に避けているようだ。私が聞いた範囲でも、諏訪の人々は「贄」というのを好まず、やはり避ける傾向があるようだ。避けてみてもなかったことになるわけではないのだが、現代の感覚では馴染めないのも不思議ではない）。

蛙や兎の串刺し（矢刺し）は、まぎれもなく「贄」であるが、同じタイプの捧げ物で、しかもその存在感からも中心的捧げ物であろうと思われるのに、蛙や兎に見劣りするのは、この柱にくくりつけられているものが、ひとえに「植物」であるがゆえであろう。どれほど豊富な植物を捧げても、「動物」の贄には到底及ばない。

生け贄として考えれば、蛙より兎は上位であるから、御贄柱の「贄」はさらに兎よりも上位でなければ位置付け上、釣り合いが取れないことになる。

兎より〝上位〟とすれば、それは大型の獣ということも考えられるが、それならば鹿と同様に実際に狩猟して「首」を捧げればよいわけで、「贄柱」で代用する必要はまったくない。さらに言えば「柱」である必要もないだろう。

では、「柱」であるとは、どのような意味があるのか。

先に述べたように「柱」は神を数える単位でもある。

では、これは、神の依り代なのか？

現在の御贄柱は、そう考えてもよいだろう。鹿の首の供物が剝製となっているように、御贄柱も〝代用品〟であるからだ。

しかしかつてはこの柱には、樹木の枝などではなく、最上の贄として最も相応しい「生きている贄」が括り付けられていたはずである。その「生き贄」こそは「人間」以外の何ものでもないだろう。人間より〝最上〟の贄はないのだから。

そう、これは「人柱《ひとばしら》」なのだ。神への最大の畏敬を表す供え物であり、絶対服従の証しである。柳田国男の「ずっと昔の大昔には、祭の度ごとに一人ずつの神主を殺す風習があった」(「一目小僧」)という言葉を持ち出すまでもなく、人身御供はとくに珍しいことではなかったのだ。これを倫理的に排除したのは、通説通り、仏教渡来以後、であろう。それ以前のこの国には、ごく普通に多くの獣が神前に捧げられていた。首だけというのは祭典祭儀として洗練されてからのことで、それまでは血の滴る状態で鹿や猪や熊などがそのまま高盛になっていたはずである。その獲物が多ければ多いほど神は喜ぶと人々は信じていたであろうし、戦いの後であれば、敵の首も並べられたことだろう。諏訪の「古き神」も、これと変わるところはないだろう。そもそも変わる理由がない。

そしておそらく、蛙《かわず》は河衆《かわず》のことであって、これも元々は人間であり、兎も鹿も同様であるだろう。それぞれに言い換えられる人間集団があったのではないかと思われる。

とすれば、捧げ物の〝主役〟となっている御贄柱が〝身代わり〟となっているのは、人間の中でも最上位の人間、高貴な立場、高貴な血統にある人間ということになるのではないか。先端を三角に切った白木の角柱は、ここに名を記せば、土葬では必ず最初に建てられる「墓標」そのものではないか。——諏訪において、最も高貴な人間、すなわち、これは、「大祝《おおほうり》」の墓標である。祝家とは、人身御供となる神主を出す家柄のことだろう。祝家から選ばれて、上社の祭祀で〝生き神〟となる者を「大祝」と呼ぶ。大いなる祝の意であろう。

そもそも大祝の「祝」とは何か。むろん「祝」は当て字であって、「ほうり」とは訓まない。

「ほうり」とは、ヤマト言葉では「屠《ほふ》り」の謂《いい》である。

「屠る」とは、言うまでもなく「殺害」のことだ。『大言海』にはこうある。

「切り放《ハフ》る意。（一）切リ割キ分クル。ハフル。（禽獸ノ體ナド）（二）悉ク殺シ盡ス。（人ニ）」

また『日本国語大辞典』には前記同主旨に加えて「ハフルの義。祝の意に同じ。」とある。これは『名言通』に依拠しているのだという。

「ハフリ」という言葉に「祝」という相応しからぬ字を充てたのは、神への供物としてことほぐ（言祝ぐ・寿ぐ）ゆえであるだろう。

「人柱」という生け贄

「生け贄」は、神への供物として動物や人間を供えることであるが、殺してから供える、供えた後に殺すなどいくつかの形がある。『古事記』や『日本書紀』、また『聖書』にも記されており、東西の区別のない汎世界的文化現象である。日本では人間の生け贄を「人身御供《ひとみごくう》」と呼び、特別視してきた歴史がある。神話においてもヤマタノオロチへの生け贄として娘たちが捧げられている。さらにクシナダヒメが捧げられようとしているのをスサノヲが助けて、ヤマタノオロチを退治したという話になっているが、これを「人身御供の廃止」と解釈する説もある。その論理に従えば、娘たちを生け贄として求めたヤマタノオロチは〝悪神〟であって、退治されるべきものとの主張とも受け取れる。古き神は生け贄を求め、新しき神はこれを否定するということになるだろう。その境目は、七世紀あたりか。

御柱祭では、しばしば死者が出るが、それでこの祭りが中止されることは決してない。むしろ御柱の木落としで死者が出るのを皆当然のように受け入れる。

これは「人贄」すなわち「人身御供」であろう。

かつてのように大祝を贄として捧げることはかなわぬまでも、代用の御柱だけでなく、生身の贄が加わることは神を鎮めるために役に立つことだろう。——こういう認識は、おそらくもう誰も持っていないかもしれないが、諏訪人は無意識のうちにそれを理解するのだ。「神に捧げる生き血」によって鎮魂になる、と。

兎も蛙も鹿も代用品である。怨霊神・祟り神を鎮めるには「血」が必要なのだ。

ただしこれは本来は上社本宮のための祭りだ。ここに埋葬され、鎮座するタケミナカタを鎮魂するための祭りだ。贄となる大祝は唯一人であって、他に捧げることはできない。そもそも代用品は、その時に生まれたアイデアかもしれない。御頭祭は前宮の十間廊でおこなわれるが、前宮のヤサカトメはその巫女という位置付けであろう。

ところで「御贄柱」は、現在の御頭祭の式次第では「幣帛」さながらの位置付け、扱いになっているようだ。また、『しおり』には「二本」とあるが、現状は一本であり、他の資料でも「一本」のようで、「二本」の根拠は不明である。

なお、私は気付いていなかったのだが、祭儀に立ち会った人物の証言では「『御杖柱の御手幣《みてぐら》を奉る』の声で、脇に置かれた御杖柱が神輿の前に安置されました。」（『諏訪大明神画詞紀行』）とのことで、初めて現状の位置付けを認識した。著者の八ヶ岳原人氏は続けて「私はその形状と名前から幣帛とは捉えていなかったので、『現在の神事ではそうなるのか』と知識を得ました。」とのことであるが、時の経過とともに形状が洗練されたことにより、取り扱い、位置付けも変わってきている可能性はあるだろう。しかしそれでも、元々「贄柱」であったことを否定するものではない。「杖」も「柱」も宗教的には同一であるのだから。

御柱の起源

『日本書紀』の推古天皇二十八（六二〇）年の条にこんな記事がある。

【書き下し】

「冬十月、砂礫《さざれいし》を以て、檜隈陵《ひのくまのみささぎ》の上を葺く。即ち、域外《めぐり》に土を積みて山を成す。よりて、氏毎《うじごと》に科《おお》せて、大柱を土の山の上に建てしむる。時に、倭漢《やまとのあや》の坂上直《さかのうえのあたい》の樹《た》てたる柱、勝《すぐ》れて太《はなは》だ高し。故に、時の人号《なづ》けて、大柱直《おおはしらのあたい》と曰ふ。」

【口語訳】

「冬十月に、檜隈陵《ひのくまのみささぎ》の上に葺き石を敷き詰めた。そのため、周囲に土を盛り上げて山を造り、その山に『大柱』を建てるよう各氏に命じた。その結果、東漢氏の氏上である坂上直の建てた柱が特に美しく太く高かった。そのゆえに、人々は坂上直を大柱直と名付けた。」　（＊書き下し、口語訳とも筆者による）

この記事について上田正昭氏は「それらの大柱は、死霊を迎えまつる神座的標柱とみなされよう。」（『古代史の聖域』）と述べているが、はたしてそうだろうか。現在それらの柱は痕跡もなく、その後もいずれかの陵墓でそういったことがおこなわれたという記録も、また痕跡も見当たらない。もし指摘の通りだとすれば、むしろ中心的建造物となるであろうし、恒久的建造物でもあるはずだろう。また、他の陵墓での事例がいくつもあってよいはずである。

他に類似の事例が見当たらないということは、この行事に特別な意味があったということなのだが、その説明は書紀の本文から完全に欠落している。単なる〝お祭り〟であるという考え方もあり得るが、有力氏族を動員して、大柱の建立競争をさせるというのはただごとではない。おそらくは規模的にも諏訪の御柱と変わらないはずで、そうであるならかなり大々的な行事である。推古天皇臨席の催しであり、「時の人号《なづ》けて」から多くの観衆が見守る中で実施されていると想像すれば、その光景は諏訪の御柱祭のクライマックス、建御柱と見紛うばかりだろう。

この記事について梅原猛氏はこう記している。

「推古天皇の御代といえば聖徳太子が摂政をしていた御代であり、聖徳太子といえば仏教を想起するが、この儀式は明らかに日本古来の宗教による儀式である。この神事の政治的な目的は定かにはわからないが、柱を建てることがここでも、実に重要な宗教的意味をもっているのである。」(『日本冒険　異界の旅へ』)

私は、推古天皇がこの陵墓の被葬者の祟りを怖れて、強力な氏上《うじのかみ》たちに「祟り封じ」を競わせたのではないかと考えている。より大きな柱を墳墓の周囲に打ち込むというのは、より強力な神霊封印の謂《いい》であろう。大地に穿つ封印の楔《くさび》であって、神霊の依り代ではない。

なお、この陵墓を、推古天皇の父である欽明天皇と、母である堅塩媛皇太后の合葬陵であるとする説があるが、それは誤り。二人の合葬陵は「檜隈坂合陵」または「檜隈大陵」と記されるが、現存の橿原市・見瀬丸山古墳がそれである。本文の檜隈陵《ひのくまのみささぎ》とは、奈良県明日香村の平田梅山古墳であろう。そしてこの陵墓の被葬者は、推古天皇が「祟りを怖れた」人物である。

諏訪で現在のような御柱祭となったのは、遡ってもせいぜい奈良時代であろう。記録に見えるのは桓武天皇の御代（平安時代初頭）であるが、それはすでにあるものの追認という形でのものだ。

兎串や蛙串と並んで、元々が人間（の子供）を贄として捧げていたのであるならば、人間だけを植物の枝葉等で飾った串で〝代用〟することにしたのは、中央政府からの意向を汲んでのことであろう。祭祀の根本に関わることを変更するには何らかの超越的な圧力が必要になる。古来特別な土地として広く認識されているほどの諏訪の祭祀は、なまじの力では到底変えることなどできはしない。

すなわち、人間の贄が、木の柱で代用されたのが、御柱祭の公式記録の最初であろう。つまり、現在のような姿の御柱祭は、桓武天皇の御代に始まったと考えるのが理に適っているが、それより遡ることができたとしてもさほど古くはないということである。

また、人贄はおそらく一体であったと思われるところから、木柱四本という現在の形は、意味の変更ももたらしたのではないだろうか。柱あるいは杖などを四本立てて結界を成すという呪術は、日本に限らず世界的にもかなり古くからあるもので、「柱」による代用がおこなわれることになってそう時間はかからずに、「四本柱」になったのではないだろうか。そして木柱を大地に突き立てるという形であるならば、これは贄であるよりも、封印の楔となる。土地の四隅に突き立てればそれはおのずから結界を作り出す。すなわちここに祭りは大きく変質したのだ。むしろ、やむなき変更を受け入れたことで、祭祀としては大きく進化発展したと言ってよい。祭りというものは、当初は素朴で単純なものであって、次第に華やかで大規模なものに育って行く。御柱祭にも大変身の契機があったのだ。

そして他の贄も、人柱の代わりであろう。蛙、兎、鹿はとくにそうであろうと思われる。前述のように、それぞれに代用された人間（集団）がかつていたのだろうと私は考えている。中でも「鹿」は特別で、扱いの特別さは意味の特別さに当然つながる。建御雷神《たけみかづちのかみ》を祀る鹿島神宮とのつながりを私は想像している。鹿島の出自たる藤原氏が春日大社でも「鹿」を神使としているのは偶然ではないだろう。

そしてこの「人柱」が「御贄柱」その他の代用品の贄柱や贄串となったのは、おそらく桓武天皇の御代で、現在のような形の御柱祭は、この時から始まったのではあるまいか。その昔、ノミノスクネ（野見宿禰）は、殉死をやめさせるために埴輪を作ったというが、生け贄をやめさせるために贄柱は作られた。残酷な形を採るのは、元は生け贄であったことの証しである。

御柱を建てない神社

守屋山については第一章で述べたように、地元では蔑《ないがし》ろにされていると言うほうが適当であるかのような扱いである。山頂の守屋社に雨乞いをし、叶わぬ時には石祠を転がり落としたりしたと紹介した。そのようなことができないように、現在は鉄柵ですっぽり覆って保護されている。

また、ここには諏訪地方の神社の特徴である「御柱《おんばしら》」がない。どんな神社にも御柱を建ててしまう諏訪人の気質を考えると、たとえ小祠といえども関わり深い神社に御柱がないのは不可解だ。これをもって「大切にされていない」ことの根拠とする人もいるが、私は別の意味があると考えている。

もう一度繰り返すが、御柱は諏訪信仰に関わりのある社祠であるならば、いかなる小祠であろうとも必ず四隅に建てられており、しかも六年経てば一つ残らず建て替えがおこなわれる。これこそは、その社祠が諏訪の神に連なることの証しである。三千本ともいわれる御柱建て替えは、生半可ではない。

そうなのだ。まさしくそれは「証し」以外の何ものでもない。古来、それら膨大な数の社祠の一つ一つに、ぬかりなく建て尽くすことで、諏訪の神威が行き渡っていることを証明し続けており、諏訪地方一帯はほぼすべての社祠に建てられることで、他の地域から訪れた者には別の神の結界に踏み入ったのだと即座にわかるという〝仕組み〟でもある。

しかし諏訪から一歩出れば、事情は異なる。全国各地の諏訪神社も、その多くが「御柱」という祭祀を引き継いでいる。しかしながら本家本元の諏訪とは大きく異なるものがある。それは、諏訪社の境内地では御柱が建てられるものの、境内地から一歩外に出れば、他の神社にも路傍の小祠にも、御柱の姿はまったくないのだ。

前章で紹介したが、諏訪社は実は新潟県のほうが数が多い。県別では新潟県が最多で、長野県は二番目だ。

しかしその新潟県でも、「御柱」は諏訪社の境内のみに限定されている。ここが、諏訪と他の地域とが根本的に異なるところである。

そしてそのゆえに、決定的な事実真実が判明する。諏訪地方において、「御柱」を建てない社祠がいくつか存在するが、建てない理由は明白だ。すなわち、その社祠は「諏訪信仰とは無関係」であるということなのだ。

御座石神社は、諏訪大社の摂社でありながら御柱を建てないことで知られている。その理由は、祭神が女神だからということになっている。しかし、女神は他の神社でも祀られているので、説得力に乏しいとはこれまでにも言われている。それでも特に否定されることもなく聞き流されているのは、積極的な論拠・理由が見出されないことによるのではないか。

血塗られた祭り

諏訪の神は、血を好む、血を求める――と、少なくとも諏訪人は信じているということになる。神は黙して語らないが、氏子たちは千年以上に亘って血を捧げてきたのだ。かつては大祝によって、ある血脈の人々を。そしてもしかすると、今は御柱に寄り添う男たちを捧げているのかもしれない。御柱祭の、特に木落としや建御柱で、毎回のように死人が出る。もはやこの祭りには死人は付きものと言ってよいし、諏訪人たちもそう思っているはずである。「人死にが出るくらいでないと神様に失礼だ」というニュアンスの話は地元ではよく聞く話だ。

贄柱贄串は、もともと守屋山に依り坐《ま》す古き神に捧げられたものだ。その神の名を「モレヤ神」という。それが「血」を求める神の名であるのだろうか。

第三章 「モレヤ神」とは何か

氏神としての「洩矢神」

次頁の写真の小祠は神長官・守矢家の邸内に祀られている小祠で、屋敷神であり、岐社《くなとしや》であるとされている。

しかしそれは不可解だ。まず、屋敷神であるならば、守矢氏の氏神であろう。ならばこれが岐社であるはずがない。岐社とは道祖神のことであって、国境《くにざかい》や峠、あるいは幹線道路の交差点など、土地の境目に鎮座していなければ「岐」としての信仰が成立しない。そしてここは、守矢家の邸内である。岐神鎮座の理由がまったくない。

「岐神《くなとのかみ》」あるいは「船戸神《ふなどのかみ》」ともいう道祖神は、黄泉の国から逃げ返る時にイザナギが追っ手を遮るために投げた杖から生まれた神。杖は柱と同義で、このことから悪神悪霊が集落に入るのを遮る神とされる。したがって祀られる場所は、国境や交差点など。つまり屋敷内に道祖神が祀られることはなく、屋敷の守護神であるならば氏神が祀られるのが通例だ。

では、守矢家の氏神であるとすれば、祀られる神は何か。これについては検討するまでもなく、系図に「始祖・洩矢神」と明示されている。つまり、この屋敷神は氏神・洩矢神であるのが当然の成り立ちというものであるだろう。しかも、この背後に代々の墓所が望まれるので、ここで拝礼することは代々墓所に眠る祖先たちを拝礼することにもなる。氏神社としてきわめて適切な位置である。

したがって、私はこの邸内社は洩矢神であろうと考える。

なお、「洩矢神」は、一般に「モレヤのかみ」と読まれているようだが、当然ながらこれは「モリヤのかみ」が正しい。守矢家は通称・神長《じんちょう》家とも呼ばれているのでまことにややこしく、しかも神長官ではなく略されているが（「官」称は遠慮したか）、氏としては「モリヤ」である。氏神に限って「モレヤ」と訓む理由はないので、長い時間が経過するうちにどこかで訛ったものであろう。いずれにしても「モレヤ」と訓む事例は守矢家関連では他には皆無であるので、これが変形であることは自明

神長官・守矢家の邸内神。
岐社とされているが……。

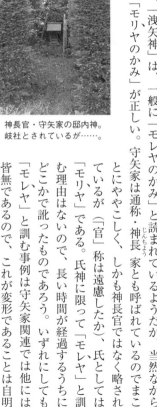

であろう。

姓氏表記（本当は姓《かばね》ではないので単なる苗字だが）は、守矢、守屋、守谷などがあって、守矢と表記するのが本家とされている。にもかかわらず、なぜ始祖が守矢神でなく洩矢神と表記するのか、この点にも謎がある。あるいは始祖「モリヤ」は、「洩れた矢」に特別の謂れか拘《こだわ》りがあるのだろうか。こういう際の選字は、えてしてその〝死因〟に関わることがあるもので、「モリヤ神」の正体を見極める中で手掛かりが見出されるのかもしれない。

さて、この屋敷神を右に見て、邸内奥のひときわ高い場所を見上げると、石垣が組まれた場所に御頭御社《おんとうミシャグジ》宮司総社がある。その名の通り「ミシャグジ」を祀る社である。「御頭」と「総社」は後世の名付けなので、歴史的な意味はない。守矢家の〝意志〟というか〝考え方〟が託されていると認識しておきたい。

つまり神長官・守矢氏は、氏神は始祖・モリヤ神で、それとは別に古き神・ミシャグジを崇敬していたということである。そして、かつてはこの裏手から守屋山への登山道が続いていたという。それは、守屋山がミシャグジであることを意味する一つの手掛かりかもしれない。守矢家と守屋山とは同じ「モリヤ」であることからも特別な関わりがあるだろうことは容易に推測される。

ところで守屋山山麓には、守屋社（通称・物部守屋神社）が鎮座しており、山頂に

御頭御社宮司総社は、邸内の一段高い場所にある。

はその奥宮がある。かつて賑わっていたかはいざ知らず、少なくとも現在は訪ねる人も稀な様子だ。

▼守屋社　長野県伊那市高遠町藤沢片倉

【祭神】物部守屋大連《もののべのもりやのおおむらじ》

奥宮には氏子によって常に小さな弓が供えられているが、山麓の里宮（本社）の依り代が「弓」であったことに由来するようだ。伝承では、祭神・物部守屋の弓が納められていたようだが、今は失われている。代わりに細長い石が置かれているが、最近のものだ。諏訪のミシャグジは〝石棒〟であるとされているので、それを承知で誰かがこれを選んだものだろう。守屋山が岩山であるので、守屋社も依り代を石棒とすれば、信仰上の整合は図れる。本来の由来がどうであれ、現在の氏子の意向が反映されているかのようだ。しかし守屋山山頂の磐座と、鉄柵に被われた石祠（守屋神社奥宮）とは、そう簡単に〝一体化〟されるものではない。本宮が、古き神と新しき神の二重構造になっているように、守屋山も二重構造なのである。

さて、この守屋社と神長官・守矢氏とはいかなる関係にあるのか。

ここまで確認してきた事実関係からそれを判断するのは、そう難しいことではない。全国の少なからぬ事例――氏族と氏神の関係性――を列挙するまでもなく、これは〝典型〟である。

すなわち、神長官・守矢氏の氏神神社は守屋社であり、守屋社の祭神である物部守屋大連は氏祖である。したがって、洩矢神とは物部守屋大連のことである。

ただ、肝心の守矢家では、守屋社および物部守屋とのつながりは表立っては認めていない。ただ、伝説伝承の類はいくつかあって、『信濃奇勝録』（天保五年／一八三四）には、物部守屋の一子が森山（守屋山）に隠れていたが、神長の養子となり、森山に父・守屋の霊を祀り、それ以後、守屋ヶ岳というようになった、とある。

また、大祝の「諏訪信重解状《げじょう》」（宝治三年／一二四九）には、「諏訪は物部大臣の所領であった」ともある。

本解状は、『諏方大明神画詞《えことば》』より百年ほど前のものであり、「画詞」は本解状に基づいて創作されているので、「画詞」よりは資料価値ははるかに高い。しかしそれでも、当時の伝聞を掻き集めたものであるので、一貫性や信憑性を求めることはできない。なかでも右に挙げたくだりは最も重要な証言であるが、「守屋大臣」の表記に問題がある。物部守屋であれば「大連」であり、単なる誤記であろう。ところが後世一般に、この守屋大臣は神長官・守矢氏のことと解釈されている。しかし守矢氏が「大臣」を称したことはなく、こちらを採るなら「大臣」という位を付け加え、しかも「守矢」でなく「守屋」とわざわざ記したことになる。この解釈は一層無理があるようだ。

ただし、神長官・守矢氏が、物部守屋の子孫であるならば、単なる誤記以外は後世の解釈も誤りではないということになるだろう。

いずれも伝説伝承の域を出ていないので、単独で論拠とするわけには行かないが、右に見てきたように実在する地名や氏族名、氏神の有機的なつながりは偶然ではないだろう。また、故意の人為が働いたものであるとすれば、むしろ完全に別の言葉に変えるはずで、このような〝揺れ〟の範囲に収まるものは、かえって人為のないことを示唆するものだ。

諏訪社と守屋山

すでに第一章で紹介したように、諏訪大社本宮の神体山は古来「守屋山」であるのだが、本宮サイドではこれを否定するという異常事態になっている。

しかも、残念ながら地元では（守屋社奥宮の石祠は）尊重されているとは言い難い。

地元では、守屋社に雨乞いをし、叶わぬ時には無礼を働くことが常態化しているというのだ。無礼を働けば山が怒る、つまりは風が吹き雨が降るという逆説的な俗信が元になっているとはいえ、神（山）に対するその対応はやはり異常であろう。異常な上に異常が重なるという状態はなにゆえ出来《しゅったい》したのか。

また、ここには諏訪地方の神社の特徴である「御柱」がない。どんな神社にも御柱を建ててしまう諏訪人の気質を考えると、たとえ小祠といえども関わり深い神社に御柱がないのはむしろ違和感を感じさせる。山麓の守屋神社は伊那市（旧・伊那郡）であるため、諏訪ではないからという理屈が成り立たなくもない。しかし奥宮のある山頂は、諏訪・茅野・伊那の境目である。それでも御柱がないのは、ある時期にやめたのか、それとも諏訪人の明白な〝意志〟なのか。守屋山と諏訪大社の関係が、本来は神体山であるにもかかわらず、公式には否定されていることに理由は見出せそうである。

諏訪大社の創建は物部守屋敗死よりはるかに古いのは言うまでもないが、それは古き神・ミシャグジであって、新しき神・建御名方《たけみなかた》は神居に鎮まり、諏訪信仰の姿を一変させた。そしてそれをおこなったのは、おそらくは石上神宮系の物部一族であろう。物部氏は、軍事氏族であると共に、古代日本において随一の祭祀氏族でもあったのだ。

なお、神社ではないが、長野県を代表する寺院の善光寺も物部守屋に由縁の伝承がある。本堂は一〇八本の柱によって支えられているのだが、すべて円柱の中で唯一大黒柱のみが角柱で、これは別名「守屋柱」と呼ばれている。柱の下には物部守屋の首が埋設されていると伝えられる。

また、善光寺の本尊は、そもそも物部守屋が蘇我馬子の寺を破壊して、仏像を難波の堀江に棄てたものを本田善光なる者が拾い上げて持ち帰ったのに始まると伝えられる。――ただ、善光寺は十一回も全焼しているので、どこまで信憑性を求められるか判然しないが、少なくとも長野という地域が物部守屋と何らかの関わりを持っていたであろうことは示唆してくれる。

ちなみに、善光寺の建っている場所は、元は水内《みのち》大社であった。つまり、神道の聖地を仏教が奪い取って、そこに伽藍を建設したものだ。水内大社は別の場所へ移転させられている。論社（比定候補神社）は三社あるのだが一社だけ挙げておこう。

▼健御名方富命彦神別神社《たけみなかたとみのみことひこかみわけ》　〈通称〉**水内《みのち》大社**　長野県長野市長野字本城東

【祭神】健御名方富命

当社は、明治初期に現在地へ移転する前は善光寺の境内にあって年神堂と称されていた。『諏方大明神画詞』に、年神堂が諏訪大社の分祀であり水内神であると記されている。

神道の聖地（神社の鎮座地）を、仏教が奪い取って寺院を建立したと聞けば、ただごとではないと思われるかもしれないが、これは実は善光寺に限ったことではない。隣国・甲斐では、酒折宮の鎮座地を奪い取って、甲斐善光寺が建立されているし、有名どころでは延暦寺の占拠する比叡山は、元は日吉《ひえ》（日枝）大社そのものである。また、全国の主要な寺院は、ほぼすべて神社を破壊して、その跡に建てられているはずである（すべて調査したわけではないが、私が調べた七〇余の古寺名刹では唯の一つも例外はなかった）。それは、かつて南米インカを始め全世界でおこなわれてきたことと何も変わらない。スペイン人はインカの神殿の上に教会を造った。これが「宗教戦争」というものだ。

神祇（神道）の守護者・物部守屋

さてそれでは、物部守屋大連とはどのような人物であったのか。

生年は不詳、五八七（用明天皇二）年七月没。丁未《ていび》の乱（物部守屋の乱）で戦死したとされる。

物部氏は、軍事と祭祀の最有力氏族であるから、権力に最も近い氏族であって、守屋はその氏上《うじのかみ》であった。五七二（敏達天皇元）年には、敏達天皇の即位に伴う詔勅によって大連《おおむらじ》に任じられ、名実共に権力のトップに立つ。

ところがその頃は、新たに移入された仏教が急速に興隆している時期でもあり、崇仏派のトップである蘇我馬子大臣《おおおみ》が勢力を伸ばしていた。仏教の導入と、その政治的な利用を図ったのが蘇我馬子であり、馬子は、みずから寺を建設し、身内の者を僧とすべく留学させてもいる。

これに反対する「排仏派」の代表が物部守屋大連であった。もうすぐ飛鳥時代になる古墳時代後期において、物部守屋大連と蘇我馬子大臣とは実力者の両巨頭であるが、それがそのまま排仏派（神祇派）と崇仏派であるのは、まさに時代を象徴している。

五八五（敏達天皇十四）年二月、蘇我馬子は詔勅を得て、大規模な法会をおこなった。

ところがその頃から疫病が流行し、天皇までもが罹患し、多くの民が死ぬに至った。同年三月、物部守屋は、同じ神祇氏族の中臣勝海とともに、疫病は蕃神信奉のためであると奏上し、仏法禁止の詔勅を得た。

「物部守屋はみずから寺におもむいて、胡床に陣取り、仏塔を倒させ、火を点けて焼き、仏像と仏殿をも焼いた。焼け残った仏像は、難波の堀江に棄てさせた。

この日は雲もなかったのに、風が吹いて雨が降った。大連は雨具《あなど》をまとった。

馬子宿禰《すくね》と、これに従う僧侶たちを罵倒して、人々に侮りの心を持たせるようにしむけた。

佐伯造《みやつこ》御室を遣わして、馬子宿禰が供養する善信尼らを呼ばせた。

馬子宿禰は、あえてその命に抗うことをせず、ひどく嘆き泣き叫びながら、尼らを呼び出し御室に託した。

役人は即座に尼らの法衣を奪い取り、捕縛し、海石榴市《つばいち》の馬屋館につなぎ、尻や肩を鞭打つ刑に処した。」（『日本書紀』／口語訳は筆者）

書紀はこの事件に対応する動きをも詳細に伝えている。

五八七年七月、蘇我馬子大臣は、諸皇子と群臣たちとを召集して、物部守屋大連を滅ぼさんと謀った。穴穂部皇子を立てて皇位の簒奪を企てた罪であるという。

大連討伐軍は、泊瀬部《はつせべ》皇子、竹田皇子、厩戸皇子、難波皇子、春日皇子、蘇我馬子宿禰大臣、紀男麻呂《きのおまろ》宿禰、巨勢臣比良夫《こせのおみひらぶ》、膳臣賀陀夫《かしわでのおみかたぶ》、葛城臣烏那羅《かつらぎのおみおなら》らがうちそろう大軍勢であった。――泊瀬部皇子とは後の崇峻天皇のことである。書紀前段ではすでに即位していたように書かれているが、「皇子軍」の筆頭に参陣していることから、まだ即位していなかったのだと考えられる。つまり、この戦いは「対立軸」の戦いである。

泊瀬部皇子——蘇我馬子——仏教
穴穂部皇子——物部守屋——神祇（神道）

どちらも大王《おおきみ》候補であるが、泊瀬部・蘇我側に「詔」が発せられたことで「大義」は定まり、穴穂部・物部軍は「賊軍」として討伐されることになったのだ（炊屋姫《かしきやひめ》皇后によるお手盛りの詔勅であるが）。

討伐軍は渋河の守屋の邸宅に至ったが、軍事に長けた物部軍は強かった。大連はみずから子弟と一族の兵を率いて、稲を積んだ砦（稲城《いなぎ》）を築いて戦った。——ちなみに「稲城」とは稲魂《いなだま》をもって守護とする古神道の呪術である。積み上げた稲に対して矢を打ち込むのは抵抗があるという心理作戦と、稲束はまさに魔除けの呪具でもあった。さらに守屋は、みずから榎の木股に登り、上から雨のように矢を射かけた。物部の軍は強く勢い盛んで、家に満ち野に溢れた。皇子らの軍兵は恐怖し、三度退却した。

「このとき厩戸皇子は、瓠《ひさご》形の結髪をして、軍の後に従っていたが、危機を感じて必勝の祈願をおこなった。白膠木《ぬるで》を切り取り、四天王の像を彫り、束髪の上にのせて誓いを立てた。敵に勝たせてくれたなら、必ず護世四王のため寺塔を建てよう、と。

蘇我馬子大臣もまた誓いを立てた。我を助け守って勝たせてくれるなら、諸天王と大神王のために、寺塔を建てて三宝を広めよう、と。

誓って後に討伐軍はあらためて軍備を整えて進撃した。

乱戦がひとしきり続く中で、迹見首赤檮《とみのおびといちい》が大連を木の股から射落とし、大連とその子息たちを殺した。

これによって大連の軍はたちまちのうちに崩れた。

兵たちは賤しい者の着る黒衣を着け、狩りをする様をよそおって逃げ散った。

大連の子と一族は、葦原に逃げ隠れたり、姓や名を変える者もあった。

また、逃げ失せて逃亡先も分からなかった。」（『日本書紀』／口語訳は筆者）

大罪か冤罪か

蘇我馬子と厩戸皇子（聖徳太子）が物部守屋を討伐（殺害）したことについて、『日本書紀』は「仇討ち」であるかのように記している。「正義」あるいは「大義」がこの殺害事件にはあったと言わんばかりである。

しかし、本当にそうなのだろうか。

もし物部守屋に仇討ちされるべき「大罪」があるというならば、殺害は「罰」である。したがって「怨霊」になることはない。

神社神道において主流とも言うべき信仰形態である御霊《ごりょう》信仰は、怨霊となった御神霊《みたま》を神として祀り鎮めるものである。怨霊は祟りを為すものであるが、これを手篤く祀れば、その強い霊威は味方となって守護の神となる。怨みが強ければ強いほど、かえって強力な守護神となると信じられている。

それでは怨霊は何ゆえに祟るのか。

怨霊と化する者は「冤罪」でなければならない。そして冤罪に陥れられた者が祟られることになる。陥れた者の後ろめたさが「負の原動力」となって、祟られると考えるからだ。

つまり、物部守屋が『日本書紀』の言うように「大罪人」であるならば、その霊を祀り鎮めることはないことになる。罰して、終わりである。

これに対して、冤罪により、しかも無念の死であるならば怨霊となる。これが御霊信仰の原理だ。

ちなみに、普通一般の大多数の死は、追いやられたりすることもなく、とくに大義もないから怨霊にも英霊にもならない。

では物部守屋の場合はどうか。彼の死の直接の原因は「皇位を狙ってクーデターを起こそうとしたこと」であると書紀は記している。「狩猟を装って、皇位簒奪のためのクーデターを起こそうと謀った」と、その時発せられた「討伐の詔《みことのり》」に明示されている。しかしその詔には少々問題があるのだが、それについては後述。

いずれにしても、罪人を討つために「詔《みことのり》」が発せられている。これで、完全に罪人である。罪人と決すれば、寺にも神社にも祀られることはなく、丁寧な埋葬もおこなわれないはずだ。

物部守屋は、書紀では「悪逆」として描かれている。その記述に従えば誅殺されて当然と誰もが思うことだろう。しかも「皇位を狙った」ゆえに誅殺されるのだ。いわば、悪逆にさらに悪逆を重ねて討たれるというわけだ。書紀の論理では正義は殺害者の側にある。

であるならば、罰した者を恨む筋合いはなく、すなわち怨霊にはならないはずである。かれらの霊威を誰も恐れないからだ。——ところが、彼は明白に「慰霊」「鎮魂」されているのだ。

守屋を慰霊鎮魂する四天王寺

物部守屋との戦いに際して、厩戸皇子は「祈願」をおこなった。すなわち、この戦いに勝たせてくれるなら、四天王を祀る寺を建立しよう、というものだ。その結果、約束通り六年後の五九三（推古天皇元）年に、厩戸皇子によって伽藍が創建されることとなった。これが今に続く四天王寺である（戦乱の直後に守屋の屋敷跡地に簡素なお堂を建立し、これを元四天王寺としている）。

▼四天王寺　大阪府大阪市天王寺区四天王寺

【本尊】救世観世音菩薩
山号　荒陵山《あらはかさん》
宗派　和宗
寺格　総本山
開基　聖徳太子

四天王寺は蘇我馬子の法興寺（飛鳥寺）と並び日本における本格的な仏教寺院としては最古のものである。聖徳太子建立七大寺の一つとされている。

この地は、荒陵《あらはか》という元の地名からも察せられるように、四天王寺が建立される前は古墳であった。――ちなみに、ほぼすべての寺院は、それ以前に神社か古墳のあった場所を奪って建立されていると私は考えているのだが、本書のテーマから逸脱するのでここでは詳しくは述べない。――四天王寺の庭園の石橋に古墳の石棺が利用されていることはその証しである。

四天王寺は、物部守屋との戦いに勝利することができた、その加護の返礼に建立したというのがいわば「公式発表」である。しかし実態は、物部守屋の怨霊を慰霊鎮魂するために建立されたものである。四天王寺西門にはその巨大な「証左」がそびえ立っている。四天王寺の象徴ともいうべき「石の鳥居」である。

「四天王寺の鳥居」は日本三鳥居の一つとして有名だ。「えっ、寺なのに、鳥居？」と思うのも無理はない。まして四天王寺は創建当初から純粋な寺であって、しかも日本で最も古い部類に入る。後世の神仏習合や神宮寺・別当寺などとはまったく次元が異なるのだ。

ちなみに「日本三鳥居」とは、吉野「銅の鳥居」、安芸の宮島「木の鳥居」、そして大阪四天王寺「石の鳥居」である。

現在のものは永仁二（一二九四）年に造られたもので、それでも日本最古の石造りの大鳥居の一つとされている。重要文化財に指定されており、扁額には「釈迦如来転法輪処　当極楽土　東門中心」の文字がある。つまりこの鳥居の彼方に浄土はあるのだ。

四天王寺西門・石の鳥居は結界の封印（戦前の写真）

しかし鳥居というものは古いものは木製であって、造り直されるうちに石や銅で再建される。したがってこれも当初は木製の鳥居が建てられて、以後何代目かの鳥居だろう。

それにしても何故、ここに巨大な鳥居が立っているのか。上の写真でもおわかりのように、これこそは結界の封印である。梅原猛氏が指摘した法隆寺中門の奇数の柱どころの話ではない。堂々たる封印である。

しかし寺院の西門が封印されていたのでは、西方浄土との往来はできないことになる。つまり、四天王寺は寺院の本来あるべき役割や使命とは無縁のもので、孤立した慰霊施設であるということになるのではないだろうか。殺害者たちの恐怖心が、法隆寺と四天王寺を造らせた。誰が、誰の怨霊を恐れていたのか、それはもはや言うまでもない。そして四天王寺も法隆寺とともに、この後「慰霊施設」「鎮魂施設」として国家的レベルの怨霊鎮めに使われることとなる。

大鳥居と守屋の怨霊

『和漢三才図会』の啄木鳥《きつつき》の項目に、興味深い補足説明がある（巻四十三　林禽類）。

【書き下し文】

昔、初めて玉造に天王寺を建つる時、この鳥群がり来たりて寺の軒を啄き損ず。ゆえに、寺啄と名づく。守屋の怨霊災いを為すとの謂なり。（＊書き下しは著者による）

【原文】

昔初玉造建天王寺時　此鳥群来啄損寺軒　故名寺啄　謂守屋之怨霊為災也

これに関連して、谷川健一氏はこう記す。

「難波の四天王寺に伝わる奇怪な伝承がある。四天王寺の堂塔は、合戦で敗死した物部守屋の怨魂が悪禽となって来襲し、そのために多大の損傷を受けるという被害に悩まされた。そこで聖徳太子が白い鷹になって、悪禽を追い払うことになったという話である。」(『四天王寺の鷹』)

『源平盛衰記』などにも守屋が啄木鳥と化した伝承のあることを指摘している。

諏訪に伝わる謎の祭具「薙鎌」は、啄木鳥を象《かたど》ったものであろう。そして、御柱＝怨柱《おんばしら》を封じるための呪具である。五行相剋の論理を借りて金属製であるのは、後世の智恵であろうか。

これらの記述は、物部守屋が怨霊となって祟りを為していたと、広く一般に認識されていたことを示唆している。すなわち、その死には怨霊と化するだけの万人が認める理由があったということだ。とすれば、このことから明らかになるのは、『日本書紀』に記された守屋討伐の理由は事実と異なるということである。もし本当に皇位簒奪を目的とする謀反の大罪人であったなら誰も怨霊になるとは考えないし、したがってこのような伝承が人口に膾炙することもないだろう。

すなわち、守屋は「冤罪」であった。罪がないのに罪を着せられて討伐されたのだ。『日本書紀』の守屋の死にまつわる記述が不自然なのはそこに作為があるからに他ならない。

そしてその事実・真相を厩戸皇子は当然のことながら承知していたはずである。承知していたからこそ、その菩提を弔わずにはいられなかったのだ。聖徳太子が白鷹に化身して悪禽を追い払ったという伝承は、真意が見えなくなった後世の牽強《けんきょ》付会《うふかい》であるだろう。四天王寺は物部守屋を鎮魂するために創建されたものであるにもかかわらず、いつのまにか聖徳太子（厩戸皇子）を信仰するための拠点になり、守屋祠は境内末社のような処遇になってしまった。それでも守屋の従僕の子孫が

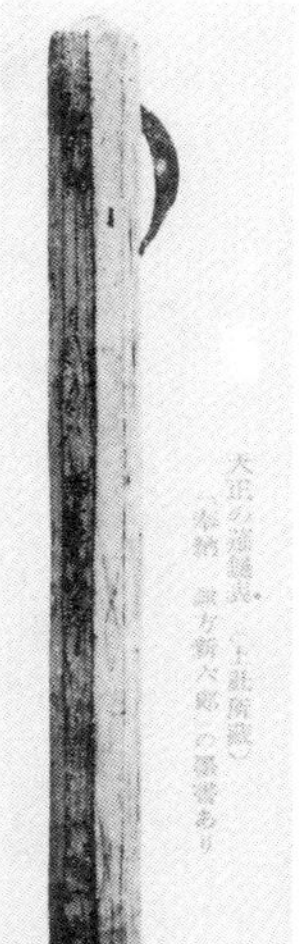

（右）諏訪大社上社本宮に伝わる天正の薙鎌。冠落としされた白木の角柱に薙鎌が打ち込まれている。「奉納　諏方新六郎」と墨書されている。
（上）上社前宮の御頭祭で掲げられる薙鎌

寺人となって一千数百年もの永きにわたって連綿と守ってきたのは実に奇跡のようだ。

四天王寺が当初の創建地である玉造から現在地に移転したのは、まさか当初の堂塔が啄木鳥につつき壊された訳でもあるまいが、少なくとも守屋の霊威や祟りを畏れていたことは間違いないだろう。移転移築した現在の四天王寺を守っている「西門の大鳥居」は、その証左であろう。寺院にとっては西方浄土への門を意味する西門は最も重要である。にもかかわらず、創建以来この大鳥居を撤去することはついになかった。もともとは守屋祠のために造られたものが（当初は木造）、さながら四天王寺そのものの正門のようになっているのは撤去できない理由があるからだ。


言うまでもないが、寺に鳥居は不要である。寺にとっては「異教の象徴」であるのだから、邪魔にこそなっても、歓迎するような類のものではない。

ちなみに四天王寺とは異なる事情であるが、全国各地の寺院で境内に鳥居を見る例は少なくない。これは、明治維新の際に神仏分離が発令された結果、神仏習合の形となっていた寺院に残ったものである。現住の僧侶たちの本音は撤去したいようだが、手を着けたという話はまったく聞かない。数百年から、あるいは千年以上もの間守護されてきて、今それを撤去することには躊躇も畏怖もあるだろう。

全国の寺院がそうであったように、四天王寺が大鳥居を建てたのは、寺の力だけでは足りずに神祇の力を頼ったからに他ならない。これは「封印」である。物部守屋の怨霊を恐れるあまり、神仏合同の力を借りて封印したのだ。もう一度西門大鳥居の写真を見ていただきたい。なんというあられもない姿だろう。後々に神仏習合がおこなわれて各地の寺社に混淆状態が現出するのは、いわば自然の成り行きである。しかし四天王寺は日本の仏教史上最も古い寺院の代表格であるのに、これを排除できなかったのだ。

四天王寺は蘇我馬子が、物部守屋の菩提をとむらうために造った寺である。厩戸皇子が誓願により創建したというのは真相を隠すための美化、創作である。いわゆる「聖徳太子伝説」はこういった作為に満ち満ちているのだが、その始まりとも言える神話であろう。わずか十三歳で物部との戦に従軍した厩戸皇子は、戦勝を祈願して四天王の像を彫り、さらに戦勝の御礼として四天王寺の建立を約したことになっている。

しかし厩戸皇子は四天王寺建立に直接の関係はない。厩戸皇子が造ったのは斑鳩寺《いかるがでら》、すなわち再建前の全焼した法隆寺、いわゆる若草伽藍である。しかも建立のそもそもの理由は自力得度のためであった。

玉造の元四天王寺はあわただしく建立されている。記録には崇峻天皇二（五八九）

年七月三日立柱、八月二十日落慶となっている。この程度の日数で建設できる規模であったということであるから、お堂といった程度のものだろう。物部守屋の怨霊をいかに恐れていたか、そして一刻も早く鎮魂しようとしたかが察せられる。

この時に、元四天王寺の守護として鵲森宮《かささぎのもりのみや》、通称・森之宮《もりのみや》神社も創建されている。

▼鵲森宮　〈通称〉森之宮神社　大阪府大阪市中央区森之宮中央

【祭神】用明天皇　穴穂部間人《はしひと》皇后　聖徳太子（神社本庁への届出では太子ではなく素戔嗚尊。聖徳太子は後から加えられたもの）

【奥社祭神】天照大御神　素戔嗚尊　月読命

鵲森宮の由緒書では、「上古、このあたりにあった森を『難波の杜』と呼んでいたようである。」とあるが、森林自体はどこにでもあるもので、至る所に森の地名は存在するが、当社名の「森之宮」は単なる森林が由来ではないだろう。とくにこの当時に創建された神社は祭神に因んで名付けられるのが第一で、少なくとも森之宮や山之宮、湖之宮などの称呼はないと言い切っても誤ることはないだろう。

したがって森之宮の由来は、「もりや之宮」であって、この地が物部守屋の屋敷跡であったことに無関係であるはずはなく、それならばそう考えるのが妥当だろう。そして同じ敷地内に元四天王寺もあった。

つまり創建当初は、物部守屋の鎮魂のみが目的であって、その後、荒陵の地へ移転してから他の目的も加わることになる。あるいは、他に鎮魂しなければならない重大な怨霊が発生したために、この地では適当ではないということで移転することになったのかもしれない。

荒陵はその地名からも想像できるように天皇あるいは皇族の御陵があった場所と考えられている。しかしなによりも、怨霊封じにこの地の霊威をも使いたかったというのが本音であろう。

守屋を祀る

なお、物部守屋が祀られているのは四天王寺だけではない。全国各地の神社（古社）に祀られている。守屋は、たとえば聖徳太子のように「教祖《カリスマ》」であったわけでもなく、死して「守屋信仰」が発生したわけでもない。神祇氏族・物部の氏上《うじのかみ》であったが、氏の神社は別に存在する。つまりこれらの「物部守屋を祀る神社」は他の理由があって祀られたことになる。

さて、神社について多様な視点の一つに「創建理由」がある。創建の基本方針によって、全国すべての神社は大きく二種類に分けることができる。その祭神が、いずれの由縁によって当該神社に祀られるに至ったのか、つまり「遺徳や神威を讃えるため」か、それとも「怨霊の祟りを畏怖し鎮めるため」なのか、である。

由緒書きや伝承等をそのまま鵜呑みにできないとは言うものの、そこには多くの重要な啓示が伏在している。「祀る由縁」の二者択一はさほど難しい課題ではない。

たとえば物部守屋を祀る神社を見るに、創建年代や氏子区域、また社家の系譜などによって創建時の理由は判然することになる。

【物部守屋を祀る神社――九社】

▼守屋神社　福島県須賀川市守屋字守屋坂

【祭神】天照大御神　菊理媛命　物部守屋連

▼守屋神社　福島県会津若松市湊町大字原字西山

【祭神】物部守屋大連

▼守屋神社　福島県会津若松市湊町大字平潟字夏狼ケ獄乙

【祭神】物部守屋大連命

▼大輿《おおこし》神社　〈通称〉氏神さん　山梨県中央市今福

【祭神】守屋大臣

▼守屋社　長野県伊那市高遠町大字藤沢字片倉

【祭神】物部守屋大連

▼錦山《にしきやま》神社　岐阜県高山市江名子町

【祭神】物部守屋大連命　（合祀）倉稲魂神　武甕槌神　天兒屋根神　經津主神　姫神　吉國社

▼波《は》久《く》奴《ぬ》神社　通称・萩野《はぎの》神社　滋賀県長浜市高畑町

【祭神】高皇産靈神　（配祀）物部守屋大連

▼市杵《いちき》嶋《しま》姫《ひめ》神社（村屋坐《むらやにます》彌《み》冨《ふ》都《つ》比賣《ひめ》神社の境内社）奈良県磯城郡田原本町蔵堂

【祭神】炊屋姫命　宇《う》麻《ま》志《し》摩《ま》遲《ち》命《のみこと》　（配祀）物部守屋連

▼弓削《ゆげ》神社　愛媛県南宇和郡愛南町緑乙

【祭神】物部守屋大連　（配祀）大雀命　伊弉諾命　伊弉册命　倉稲魂神　建速須佐之男命　櫛稲田比賣神　菅原道真

私の調べた限りでは、いずれの神社にも讃えるべき遺徳や神威は伝わっておらず、にもかかわらず守屋のみに限定して祀るということは「鎮魂」以外のなにものでもないということになる。

なぜならば、生前の守屋に宗教的属性はほとんど見当たらないからである。信仰対象となるような事績も、慕われるような遺徳ある事績も見当たらない。強いて言えば「武勇」だろうか。――むしろ「逆賊」として討伐・誅殺されたという記録ばかりである。

しかしすでに指摘したように「逆賊」がもし事実であるならば神社に祀られることはなく、祀られているということは、遺徳・神威を讃えるためか、それとも冤罪による怨霊の祟りを畏怖し鎮めるためかのいずれかなのである。

すなわち〝守屋神社〟は、怨霊の祟り鎮めのために創建されたものである。祟りがあればこそ、慰霊鎮魂が求められるのであって、守屋社の存在はその証左である。もし彼が書紀のいうように「国家的大犯罪人」であるならば、この神社の存在理由を説明できないことになる。

ここに挙げた九社は、すべて守屋の死後に落ち延びた一族によって建立されたものであろう。福島、山梨、長野、岐阜、滋賀、奈良、愛媛――これらの地域には、物部守屋の所領があったのであろう。

なお、これらのなかでも八番目の市杵嶋姫《いちきしまひめ》神社は、不自然な鎮座形態になっている。境内社の市杵嶋姫神社の祭神が「炊屋姫命　宇麻志摩遲命　（配祀）物部守屋連」となっており、本社の村屋坐彌富都比賣神社の祭神は「彌富都比賣神　（配祀）大國主命」である。

しかし実は、本社の通称は「森屋《もりや》の宮」なのである。これが「守屋の宮」のことであるのは論を俟《ま》たない。しかも延喜式内社である。物部守屋の死の記憶が確かな頃に建立されたものであるだろう。

『村屋坐弥冨都比売神社略記』にはこんな記述がある。

「主神三穂津姫命は高皇産霊命の姫神で大物主命が国譲りをされたときその功に報いるためと大物主命の二心のないようにという願いから自分の娘を贈られたという神話に出てくる神である。この故事から縁結びの神、家内安全の神として信仰される。大物主命は大神神社の祭神であることからその妃神である当社にも大物主命を合祀し三輪の別宮とも称せられる。天武天皇元年（672）壬申の乱のとき村屋神が神主にのりうつって軍の備えに対する助言があったという。この功績によって神社として初めて位を天皇から賜ったと日本書紀に記されている。」（＊傍線筆者）

壬申の乱の時に「軍の備えに対する助言」があって、ために天武天皇より位を賜ったという。よほど重要な神託であったと思われるが、これこそは「軍神」物部守屋の神託であることの証しだろう。怨霊神が懇切に祀られることによって、強力な守護神と化する象徴的な事件と解釈できる。社名や祭神の不自然な異動も、怨霊神を祀る古社に特有のものである。

福島県・山梨県の各社は、建立時期が遅いため、神社一般の例にしたがえば子孫か一族による「崇敬社」であるということになる。しかし、この後の段で紹介するが、物部一族には崇敬社であるならば他にあるのだ。なにも守屋という人物に特定した神社である必要はない。しかも守屋を祀るものの、そこには祖先神が合わせ祀られていない。すなわち、これらは祭神が守屋でなければならなかったということであり、祖先神は祀りたくないが守屋のみ祀りたいということである。大和から遠く離れた土地であることにも何らかの事情が伏在していそうである。

岐阜県の錦山神社は、元は「守屋宮」と呼ばれていた。怨霊を慰霊鎮魂するために建立されたものが、当初の趣旨を隠すために採る方法の一つである。

そして長野県伊那の守屋社については、すでに紹介した。

物部氏の神社

物部氏には守屋社とは別にいくつかの系統の関連神社がある。

【物部神社——十五社】

不思議なことに、この名称で守屋を祭神とする神社は一つもない。物部神社の祭神は、ウマシマジが大多数で、一部にニギハヤヒを併せて祀っている。ニギハヤヒは物部氏の祖神。ウマシマジは初代である。元宮と考えられるのは島根県（旧・石見国）大田市に鎮座する古社。石見の国一の宮である。

【石上神宮――五十社】

物部神道の核となる神、布都御魂《ふつのみたま》大神を祀る神社である。

【ニギハヤヒを祭神とする神社――約二百社】

物部氏の祖神・ニギハヤヒは、ニニギより先にヤマトに降臨して統治者となっていたと『日本書紀』に明記されている。祭神とする神社は約二百社あるが、社名についてとくに一貫性はない。物部氏との関連を示唆する表記的特徴もほとんど見られない。物部氏がニギハヤヒを祖神とすることに疑義を呈する論拠にもなっている。

【ウマシマジを祭神とする神社――五十九社】

物部氏の直接の先祖とされる宇麻志摩遅命は、可美麻知命、宇摩志真知命などとも記す。

ニギハヤヒと重なる神社もあるが、別祭祀も少なくない。そもそも石上神宮にニギハヤヒは祀られていないし、物部神社の中にも祀られていないところが少なくないのだ。つまり、かならずしも「ニギハヤヒ―ウマシマジ」の系譜は認識徹底していなかったということである。すなわち後世の「連結」が疑われる。

物部神社は、氏の発生に関わる神社であり、石上神宮は氏族の職掌に関わる神社であり、他の二つは祖神を祀る神社である。しかしながらそのいずれにも物部守屋は祀られていない。

にもかかわらず、物部守屋を主祭神に祀る第一の「守屋社」が確固として存在する。これは、物部という氏族と切り離した次元で、物部守屋を祀る必要があったことを示している。そして、祀らなければならない理由とは、祀らずにいられない理由であって、それこそは「怨霊の祟りへの畏怖」であるだろう。祀る理由は、他にない。なぜならば、守屋でなくともよいのであれば、すでにその他の神社が前掲の通り各地に存在するからだ。氏祖でもなく、氏神でもなく、あえて守屋を祀るのは、その「鎮魂」をおこなう必要があるからだ。

なお、物部とは、文字通り「物」の「部」であって、職掌がそのまま氏の名になったものだ。

そして「もの」には二つの意味があった。

一つは「武器・軍人」の意。「もののふ」である。もともと鍛冶・鍛鉄を支配する一族であったところから、金属製の武器・武具を造ることで軍事氏族として頭角を現した。

もう一つは、「もの」とは「神」の意であるところから、神祇祭祀を司る一族でもあった。

すなわち、物部の本質が軍事と祭祀の両方にあったということで、政治的にも力のあった守屋が氏上《うじのかみ》として物部氏を代表していたことは間違いない。守屋の死後、朝廷で物部氏が政治の中枢になることは二度と再びなかったこともそれを証している。

ただ、主流であった軍事部門を職掌とする守屋が滅びて後も、祭祀部門を職掌とする物部石上氏は依然として朝廷祭祀の担い手として継続した。その拠点が石上神宮である。

ただ、物部石上も、平城京への遷都がおこなわれる際に置き去りにされて、それ以後の国家祭祀は中臣氏に取って代わられることになる。そしてその後は、石上神宮を守る「一地方の祭祀家」として細々と続くことになる。あの時、守屋が「皇位簒奪のクーデター」など企てていなければ、と子々孫々うらめしく思っても無理もないほどの凋落ぶりである。

しかし、物部守屋は本当に罪人であったのだろうか。

物部氏そして守屋を祀る神社を概観して、守屋が怨霊神としてとらえられていたことがわかった。怨みの残る死であったから、必ずや怨霊になっていると当時の人は考えた。そして慰霊鎮魂のために守屋社その他は建立された。――これは、「皇位簒奪のクーデター首謀者」という罪名が濡れ衣であったことの証しである。冤罪であったからこそ怨霊となるのであって、その慰霊鎮魂のためにいくつもの寺や神社を関連地に建立しなければならないほど、〝殺害者たち〟はその祟りを恐れていたのだ。国家レベルでの罪人は、神社に祀られることはなく、神となることもないからだ。

書紀の記述では「詔《みことのり》」が発せられて「討伐」されたことになっている。

そもそも詔は、大王《おおきみ》（天皇）が発する命令（書）のことである。用明天皇亡き後、誰がその詔を発したのか。崇峻天皇がすでに即位していたのであれば、まさに崇峻帝が発したもので、物部守屋は崇峻帝に対する反逆者であり、その皇位を簒奪しようとする大罪人である。

しかし実は、崇峻帝がこの時点で即位していたかどうかきわめて疑わしい。空位のまま、敏達天皇の皇后であった炊屋姫が馬子とともに実質的な権力を統括していたと思われる。書紀を子細に読み込むと、この時の詔は炊屋姫皇后が発して馬子が臣下に伝えたと読み取ることができる。――祟り為す怨霊はこうして生まれたのだ。

後から創られた「建御名方神話」

御柱によって封じられる怨霊神・建御名方神は、本宮に祀られて手篤く鎮魂されている。本宮は、建御名方神のために建立されたものであって、この時から、諏訪信仰というものがミシャグジ信仰からタケミナカタ信仰へと変換されたのだ。諏訪にとっては歴史的転換ともいうべき大きなパラダイム・シフトである。

そして本宮は、本殿がなく、もともと何ものかを礼拝する古式の神社である。神体山は守屋山である。現在の諏訪大社では現役の神職が、守屋山は御神体ではない、と公然と主張しているが、それが事実に反するとは第一章ですでに指摘した。諏訪大社本宮は、近年になって拝礼の向きを九十度変えたので、参拝の彼方に守屋山がなくなってしまったが、その後も古い氏子はそれに従わず、古来の向きで参拝している。つまり、別々の信仰が二重構造になっているのが諏訪信仰である。


先に、こう紹介した。

建御名方神は、出雲で建御雷神と闘って敗れ、「科野国の州羽海」まで逃げて、この地から出ないから殺さないでくれと懇願して許されたと。

しかし『日本書紀』にも『出雲国風土記』にも、建御名方神は登場しない。『古事記』にのみ記されて、他の二書にはまったく影も形もないのだ。これは何を意味するのか。

『日本書紀』はヤマト朝廷の正史である。——ということは、建御名方神は朝廷の管轄外の異端の神であったのではないか。

また、『出雲国風土記』は、出雲自らが選録した公式文書である。——ということは、建御名方神は出雲とは無縁の神であったのではないだろうか。

つまり建御名方神は、中央のヤマト朝廷とも、前政権の出雲とも無縁の異端の神ということになる。そして『古事記』のみは、その異端の神を採り上げるために〝敗残の神話〟を創作した。その詳細は第一章で述べた通りだ。

この仮説に立てば、少なくとも七三三年までは建御名方神はいなかった。その後、誕生した（創られた）ということになる。

むろんこれは言葉の綾で、建御名方という名が創られたということである。その名を体現する実体は、むろんすでにあった。

硯石のミシャグジ社の傍らに埋葬された人物がそれである。神体山・神奈備が「守屋山」と呼ばれるようになるのは、これ以後であろう。

その人物の名、「物部守屋」は秘されて、口にすることは憚《はばか》られた。中央政府への配慮もあったことだろう。しかしやがて「建き御名の方」と一種の尊称・代名詞で人々の口に上るようになる（現在地元では「建御名方神」さえも口にはせず、ただ「明神さま」とのみ呼んでいる）。五八七年に非業の死を遂げて怨霊神となり、敗走する物部一族によってこの地に霊位をもたらされた。すなわちこれが「建御名方神の諏訪入り」である。

鵜呑みにできない「諏訪入り縁起」

建御名方神が諏訪入りした際の縁起物語は『諏方大明神画詞《えことば》』に記されているが、これはあくまでも〝仏僧による創作物〟であり、室町時代の文書であるので、それらの事情を踏まえて受け止められなければならない。

【原文】

「尊神垂迹の昔、洩矢の悪賊神居をさまたげんとせし時、洩矢は鉄輪を持してあらそひ、明神は藤の枝を取りて是を伏し給ふ。終に邪論を降して正法を興す。明神誓いを発て、藤枝をなげ給ひしかば、則ち根をさして枝葉をさかへ花葉あざやかにして、戦場のしるしを万代に残す。藤島の明神と号すは此の故也。」（『諏方大明神画詞』続群書類従）

【現代語訳】

「建御名方大明神が垂迹した時（神として降臨した時）、洩矢という悪賊が鎮座を妨げようとした。洩矢は鉄の輪を持って戦い、明神は藤の枝を取ってこれを打ち負かした。そしてそれまでの邪法を排して、正法（正しい教え）を興した。大明神が藤の枝を投げると、その地に根を刺して枝葉をのばして花を咲かせ、戦場のしるしとして永遠に残した。藤島明神と号する神社の由来である。」（＊現代語訳は筆者）

これは、いわゆる「縁起もの」で、教化活動のための広報ツールとして制作されたものの一つである。元は『諏方大明神縁起絵巻』という絵巻物であったようだが、絵が失われて、文字部分だけが残った。諏訪円忠作。一三五六（正平十一）年成立。円忠は大祝・諏方氏の庶流の出自である。

ここに記された、いわゆる「諏訪入り神話」が「建御名方神vs.洩矢神」の出所である（「画詞」より約百年前に書かれている「諏訪信重解状《げじょう》」に書かれていることを元にしているのだが、「解状」はごく限られた者しか見ることはできない。したがって、広く人々が接する機会を持てたのは「画詞」である）。明神が藤の枝、洩矢が鉄の輪を持って戦い、明神が勝ったというものだ。文脈全体が仏教用語に満ちていることから、も、仏法の教化活動用の教本であることは言うまでもないが、史実を織り込みながら、伝道教化に都合の良い物語を創り上げげたことで重大な問題を後世に残してしまった。後述するが、この二者を対立関係でとらえることは重大な誤りである。

本「縁起」の成立は『古事記』成立から六五〇年近くも経っているので、資料として同列に扱う訳に行かないのは当然である。他の数多《あまた》ある「神社縁起」が史実を伝えるものではなく、当時の〝信仰状況〟を伝えるものにすぎないのと同様に、南北朝時代（およびその直前期）の諏訪信仰の通説を伝えるものであると認識しておかねばならない。同時期に『諏訪縁起事』（『神道集』所収）の甲賀三郎伝説もあるが、いずれも僧侶による創作であることは論を俟《ま》たない。

甲賀三郎のＳＦ譚を史実だと思う人はいないだろうが、「画詞」のストーリーもこれと同類だと認識していただきたい。とくに「画詞」の中の「諏訪入り」には問題がある。そもそもこの「縁起」が存在しなければ、「建御名方神 vs. 洩矢神」という対決構図などここまで浸透していなかったことだろう。それだけに本縁起の罪は重い。しかも洩矢を「悪賊」と決めつけている。

そして「邪法を排して、正法（正しい教え）を興した」ということは、洩矢神信仰もミシャグジ信仰も邪論邪法であって、新たな神・建御名方明神を信仰することだけが正法（正しい教え）だというのだ。これではまるで〝占領政策〟である。

しかし「諏訪入り」について情報が他にないために、南北朝時代以降、こればかりが口にされて、かえって浸透してしまったのはなんとも残念でならない。しかも、大明神が洩矢神を討伐したという描き方は、作者のたくらみを感ずる。本「縁起」の成立した一三五六年当時は、すでに大祝・諏訪家と神長官・守矢家との関係はかなり悪化していた。作者の諏訪円忠は、大祝家の優越性を主張するために作話したのであろう。そのために「諏訪入り」について現在に至るまでの先入観・固定観念を形成してしまったことの円忠の罪は重い。

本来であれば、古代の考証に中世以降の文献は私はまず採り上げない。とくに神仏習合による縁起や説話は創作部分が多すぎて、考証研究の障害にこそなっても、益するところがきわめて少ないからだ。古代のことは古代に聞くべきであって、他に方法はないと言っても過言ではないだろう。「藤の枝」と「鉄の輪」が何を象徴あるいは体現しているのか研究している論考もあるようだが、一三五六（正平十一）年当時の信仰事情の片鱗が見えるだけで、それ以上のことはわからないだろう。

つまり本書で解明しようとしている「諏訪信仰の源流・起源」は、一三五六（正平十一）年につくられた史料では役に立たないということなのだ。そもそも、垂迹《すいじゃく》や正法《しょうぼう》などの仏教用語で諏訪信仰を語ろうということ自体に無理がある。神仏習合という日本独自の異様な文化現象は、六世紀に仏教を持ち込んだことから始まるのだが、当初からその政策を真っ向から否定し、断固たる〝排仏〟の姿勢を貫いたのは物部守屋大連という人物であった。

ところで、守屋大連最後の場面を思い出していただきたい。守屋が樹上から矢を射かけると形勢は圧倒的に有利となっていたが、「迹見首赤檮《とみのおびといちい》という者が大連を木の股から射落とし、大連とその子息たちを殺した。これによって大連の軍はたちまちのうちに崩れた。」とのことであった。すなわち、たった一本の矢によって守屋は死に、形勢は一気に逆転したのだ。——実際の戦闘シーンでは互いに雨の如く矢を射かけていたはずで、その中のたった一本がたまたま当たったということであるだろう。あたかも「洩れた矢」のような一本が。もしかすると、これが「洩矢神」の名の由来であるかもしれないとは私の空想であるが。

守屋山は元は別の名であった

守屋の霊位は信濃へ入った。敗走する物部一族に推戴されて、領地の一つである諏訪へ、また飛鳥から最も遠く、隔絶された山間に一族は落ち延びて来たのだ。

本宮はもともとは硯石を神体とするミシャグジ社であったが、六世紀末頃に物部守屋の霊威がこの境内（神居）に埋葬され、その名は秘された。しかし怨霊神、祟り神として畏れられた。祀ったのは物部氏の一族である。

ミシャグジ社の南側には守屋の霊位を埋葬して里宮とし、本宮とした。神の名はみだりに唱えずの物部流神道の古流にのっとり、雄々しき御名の方と称した。ここに、怨霊神・建御名方神は誕生した。


名乗りについては異説もある。諏訪湖畔に宮を構えたことによって「水潟《みなかた》」様と呼ばれたのではないかというものだ。かつて諏訪湖は今より水位が高く、本宮の所在する位置は文字通り「湖畔」であった。つまり、「水」の「潟」である。

「潟《かた》」とは、八郎潟で知る人もいるだろうが『大言海』ではこう説明している。

「［洲の形《かた》、現るる意か］（一）海岸の、遠浅にして、潮来たれば隠れ、去れば現るる地。しおひがた。ひがた。（二）西国にては、浦。入江。湾。（三）北国にては、湖。沼。（潟の埋れて成れるより云うか）」


いずれにしても、ここは建御名方神の墓所である。後世の菅原道真と同様に、僻遠の地で怨みを飲んで鎮まった物部守屋の霊位は、強大な祟り神となった。後々、朝廷はこれを手厚く祀り、守護神とすることになる。

なお、敗走する物部の一族は各地に散った。諏訪とは別に、伊那に入った者たちもいた。彼らはこの地域の霊山の山麓に守屋社を祀った。この霊山が守屋山と呼ばれるようになったのはそれ以来である。霊山を守屋山と呼ぶことに本宮の同族との合意もあったであろう。

霊山は、それ以前は別の名であった。その名は今ではわからないが、奥宮石祠が造られる前には、山頂には磐座《いわくら》のみが鎮座し、諏訪の大地の文字通り「鎮め」となっていたのであるから、それにちなんだ呼び名が付けられていたことだろう。

また、そこに依り坐《ま》す神、降臨する神こそは「ミシャグジ」であるから、その意を体する呼び名であったかもしれない。あるいは単に「御山《みやま》」「神山《みやま》」と呼ばれていた可能性もあるだろう。古くからの山岳信仰にしばしば見かける呼び方だ。

守矢氏・諏訪氏の系譜

神長官・守矢氏の系譜は「洩矢神」から始まっている。モリヤの神とは物部守屋のことであり、建御名方神とは物部守屋のことである。つまり、洩矢神と建御名方神は同一である。

大祝・諏訪氏の系譜は「始祖・有員《ありかず》」から始まっている（『諏訪高島城…諏訪の神氏系図』）が、建御名方神の裔（子孫）と称している。この有員は桓武天皇の皇子とされているが、確証はない。州羽へ落ち延びた物部一族の一人か、名のみの氏祖であろう。また、諏訪氏以前に「神氏」を名乗っているが、「神」という姓氏には由来がないので、おそらくは上社の神主との自負からみずから初めて発したものであろう。神そのものを姓氏とするのは、「生き神」「現人神」という位置付けを広報告知することによって、衰退していた諏訪家を〝神威〟のもとに再興したいとの意思表示でもあるだろう。残念ながら、この後、諏訪家も守矢家も昔日の勢威を取り戻すことはついになかったが（大祝家は断絶）、諏訪の神に連なる家系であることは、間違いなく刻印された。

本宮が本宮となる前は、「硯石《すずりいし》」に依り坐す「ミシャグジ（御石神）」を礼拝する小さな社祠であった。守屋山も守屋が祀られる以前は別の名で呼ばれるミシャグジの山であった。そのミシャグジこそは、もともとの諏訪の神であり、縄文の昔からこの地で信仰されてきた古き神である。そこで次章では、ミシャグジの正体に迫り、諏訪信仰の本質を明らかにしたい。

第四章　「ミシャグジ」とは何か

根元の〝古き神〟

諏訪が今もなお縄文信仰が息づいている稀有な地であることは、これまでしばしば指摘されている。建御名方神が祀られる以前、ということは当然ながら洩矢神が信仰される以前のこの地の根元神は、縄文時代から連綿と信仰されてきた素朴なものである。

その信仰を体現する神の呼び名を「ミシャグジ」という。ミシャグチ、御社宮司神、御佐口神、御石神、社貢寺、釈地など多種多様な表記があって、神長官・守矢氏が邸内で祀る神も「ミシャグジ（御社宮司）」である。これは、文字のない時代からそれぞれに口伝えされていたことを示している。本書では便宜的に「ミシャグジ」と呼んできたが、それをも確定するためにはやはり意味を突き詰めなければならない。

なお、本書では「御石神」表記を意図的に用いて、「ミシャグジ」があたかも「石の神」であるかのように誘導したと告白しておこう。すでに周知されている共通認識も「石の神」を含むものなので、けっして間違いではないため、誤誘導にはならないはずである。

ただ、これも含めて漢字表記は、すべて後世の当て字であって、もともとの信仰を体現しているとは決して言えない。なぜならば、御石神も御社宮司神も（佐口は混合）、頭の「御《み》」以外はすべて音読みだからである。文字のなかった縄文時代には、音しかないわけだが、その時、私たちの祖先が口にしていた言葉はすべて和訓和音である。そしてこれをヤマト言葉という。だから、そもそも音読みはありえない。音読みは漢字が輸入されたのとともに日本へ入って来た漢音や呉音だからだ。

それでも「石神」などの語が本来的な意味を示唆するのは不思議なことと思われるかもしれないが、これは漢字の意味を知った人々が、本来の意味と一致しそうな漢字を選んで当てはめた結果だろう。御頭祭の重要な供物である七十五頭もの鹿の首にしても、都合良く「耳裂鹿」が一頭混じっているが、そんなに都合良く存在するものではない。これは「みみさけじか」という言葉が、口頭で転訛すると「みさけじ」になり、限りなく「みしゃくじ」に似ていることからのこじつけであるだろう。

「文字はあて字にて度々書改めあてにもなるまじく候へ共、新編武蔵風土記稿には小生の勘定では二十五箇所のシャグジ有之候処、石神と書くもの六、石居神《しやごじん》一、石神井《しやくじい》社二（他に石上と称するもの三社有之候）、残り十六のシャグジは、釈護子、遮軍神、遮愚儞、蛇口神、社宮司などとかき申候。御地の駿河志料には九十五のシャグジを挙げたる中に、石神とあるもの僅に十、其他は社宮司、佐口司など最多く又、山護神、左久神、射軍神などとも有之、石護神と云うのも一所見え申候。尾張志には六十六のシャグジを挙げたる中に、石神とあるは唯三つにて、其他の多くは仮名にてシャグジ又はサグジと有之候。」（『石神問答』柳田国男）

柳田国男（故人は原則的に敬称略）は（ミ）シャグジを「賽《さい》の神」であるとしている。すなわち「御賽神《ミシヤクジン》」だということになる。「サイ」とは「サカイ」のことで、境目、境界を意味する。私も、「賽の神」説に一部賛同するものである。

しかし柳田は、その役割に関して大和民族と先住民族の境界を示す標識であったとの説を唱えているのだが、これには同意できない。そのような区別区分が生まれるより遥か以前からミシャグジ信仰はあるからだ。

なお柳田は、シャグジは必ずしも「石」ではないと指摘している。右の引用では「石神」という表記がいかに少ないか縷々と述べているが、正確に「石神」でなくとも石居神や石神井も石神の一種であるのは明らかで、引用文は石神説を否定するという前提のもとに書かれているようだ。しかし「賽の神」と「石神」はなんら矛盾しないので、むしろ石神と直截表現をしているものも、間接表現とともに一定量存在するととらえるべきだろう。

石神信仰

諏訪神社の御神体は「石棒」であると巷間言われている。確かに少なからぬ諏訪神社でそうなっているようだ。

石神信仰は全国に満遍なく存在するものであって、磐座《いわくら》信仰・磐境《いわさか》信仰の一種であろう。それがなぜか信濃（長野県）地域では「石棒」の形を採っているものが多いということである。これは「陰陽石」の陽であるともいわれるが、男根の形というわかりやすい形状が、かえってこれまでの信仰の歴史を隠してしまっているかもしれない。自然石で男根様のものは人形《ひとかた》にも見えるため、神が成り変わったもの、すなわち「道祖神」として祀られることが多い。しかし同時に、男根としての生殖機能から子孫繁栄や五穀豊穣につなげる民間信仰も派生している。

信濃に境を接する甲斐（山梨県）になると完全な球体の「丸石」を信仰する。これは秩父の岩山から岩石の欠片《かけら》が急流を下り落ちる際に角が削られて球体の丸石が出来

縄文中期の遺跡（北山長峰、棚畑）から出土した男根型の石棒

やすいという環境のなせるものだろう。甲斐にも陰陽石信仰はあるのだが、丸石が圧倒的に多いのは、ひとえにこの環境によるものだ。岩石を刻んで陽物や道祖神を造るよりも、天然の丸石のほうが簡単でありながら、同時に自然の神秘をも感じさせてくれる。他国であまり見かけないという地域の特殊性も丸石信仰を推し進めたことだろう。

「丸石信仰の起源は石器時代に求めるべきだ。丸石と石棒神の祭祀の共存が見られることから、一応縄文文化期を想定してみる。そして、分布域からいって勝坂式土器文化などの集中域と関係するものだが、丸石神のほうが石棒より分布域がずっと狭いので、より特殊な、より古い時代から引き継がれた信仰対象かもしれない。」（『石にやどるもの』中沢厚）

甲斐は信濃とは同一の文化圏である時代が長く、すでに縄文時代から宗教的にもつながりのあったことは、それぞれに発掘された縄文土器などからも推測される。丸石神と石棒神とが共存しているのが甲斐の特徴であるならば、信濃は石棒神が多数を占め、これをミシャグジと呼んでいる。

ただ、ここでその大もとにも目を向ける必要があるだろう。甲斐は丸石の発生元である岩山を霊山神山として同時に信仰している。これは神奈備信仰と磐座信仰が一体となっているものだ。

山梨の丸石道祖神。御柱らしきものが周囲に建てられている。（中沢厚『石にやどるもの』平凡社、より）

信濃では石棒は祭祀の呪具である杖や柱であるとともに、さらに大きな岩石をもミシャグジとして祀り、その究極の存在が守屋山という神奈備山頂に鎮まる磐座であろう。ミシャグジは諏訪湖の周囲を中心に、日本列島を南北に横断するように偏在している。

「ミシャグジ」神社

今井野菊の調査によればミシャグジは全国で二千三百カ所以上で祀られているというが（『古代諏訪とミシャグジ祭政体の研究』）、現在、祭神に「ミシャグジ」を祀る神社で神社本庁へ登録されているものはわずかに**二十四社**。ご覧のように表記も十三種であるから、漢字表記の一貫性はまったくない。これは漢字表記の無効性、後付けを意味している。

【祭神名】
御産子命
御射宮司神
御社宮司神
佐軍神
佐口神
左口神
斜口宮大神
社宮司神

社具地大神
社護神
社口神
尺地神
美佐久知神

次に社名に「ミシャグジ」を含むものは**四十二社**を確認した。しかし祭神はタケミナカタなど他の神名も少なくない。祭神が途中で変わったと考えるのが自然であるだろう。

鎮座地は、長野県（信濃国）、静岡県（駿河国・遠江国）、愛知県（尾張国・三河国）の三県（旧五ヶ国）である。

長野県　二十八社
静岡県　　　六社
愛知県　　　八社

この他に、社名は関わりを示さないものの、祭神に祀るものが**十五社**ある。長野県（信濃国）、岐阜県（美濃国）、静岡県（駿河国・遠江国）、愛知県（三河国）、三重県

（伊勢国）。
長野県　五社
岐阜県　一社
静岡県　六社
愛知県　一社
三重県　二社

しかしミシャグジの本家本元である諏訪大社・前宮でさえ、公式の祭神に「ミシャグジ」はない。

これらの結果からわかることは、「ミシャグジ」が神社あるいは神道と関係が希薄であって、近年になってつじつまを合わせているということだろう。それが、神社・神道へのすり寄りか、それとも取り込まれた証しなのか、あるいは野合なのか、いずれとも判断は難しい。各社それぞれに事情があってのこういう形態なのだろう。

神長官・守矢家の敷地に「御頭御社宮司総社」が鎮座するが、次頁の写真に見える建物は覆い屋であって、その中に鎮座する小祠が〝総社〟である。しかし古来、ミシャグジの「総社」は前宮であるから、これも近年の呼称であろう。

御頭御社宮司総社（神長官・守矢家の邸内）

鶏冠社（破壊前。現在は石祠）

大祝《おおほうり》は前宮境内の鶏冠社《けいかんしゃ》で即位（職位）式をおこなった。八歳の童子（諏訪氏の男子）を現人神とする儀式である。精進屋で三十日間の潔斎の後におこなわれる。

「鶏冠社では要石《かなめいし》を内にして周囲に幕を引き神殿を設ける。神長官は大祝に左折立烏《たてえ》帽子《ぼし》、山鳩色狩衣《かりぎぬ》、紫指貫《さしぬき》を着せ、秘儀をさずける。」（『諏訪大社』三輪磐根）

神長官が呼び降ろしたミシャグジを童子に憑依させて現人神すなわち大祝となす儀式である。この即位式において大事なことは、「一、事前の潔斎を厳重にする。二、新調の装束を用いる。三、**石上**で式をあげる。」の三点にあると前掲書で指摘されている。

「この式が、前宮の社殿で行なわれず、柊樹のある鶏冠社において、しかも、付近に風雨をさえぎる社殿がありながら、庭上で行われるのは、諏訪大神の最初の領座地たる神原で、その初め神霊を招奉ったのが樹下の**神石**と考えられ、その形式を保存してきたためであろう。」（前掲書）

右の引用の中で「**要石**」「**石上**」「**神石**」とあるのがすべて同一の石を指しているのはいうまでもない。柊《ひいらぎ》の下の鶏冠社の前にそういう石があって、古来その石にミシャグジは降りたということである。——残念ながらその石は明治初年にいずこかへ持ち去られて、所在不明だというのだが、現・前宮の本殿にそれは納められているのではないかと私は勝手に空想している。前宮こそが「ミシャグジ総社」であるのだから、そうでなくてはならないだろう。

左の写真は、昭和七年に現・社殿が建設される前の前宮の姿である。建物はこれのみであって、これがすなわち精進屋であった。諏方童子は、この格子の中で、わずかな飲食のみでひたすら正座して潔斎する。ミシャグジの依り坐《ま》しとして相応しい身となるまで三十日間に及ぶ苦行である。わずか八歳の童子には〝死〟を身近に感じる初めての体験であったろうし、また実際に寿命はいちじるしく阻害されたことだろう。格子越しに四六時中監視されている状態も、すでに人間扱いではないが、この後「大祝」という名の現人神になるのであるからもはや人間的な感情は失われていたかもしれない。

明治初期に政府によって実施された一連の神道政策によって、諏訪においても世襲の大祝は廃されて、中央から任命派遣される宮司制になった。

しかしそれでも、この精進屋は前宮として存続し、「ここにミシャグジさまは降臨する」と信じられ、崇敬されていた。大祝という現人神が失われても、かつてここで大祝が生まれたのだという記憶が、精進屋自体をミシャグジの依り代と考えるようになったものだろう。

昭和七年にこれを解体撤去し、伊勢神宮の古材を用いてここに本殿が建設され、それを拝礼するための拝殿も建設された。それが現在の前宮である。明治政府は神道政策の一環として、全国の神社に鏡を神体として強制したので、おそらく新しく設けら

現・社殿を建築する以前の前宮の姿＝精進屋。
上は建御柱がおこなわれるところ。下は正面。

れた前宮本殿にも鏡が神体として納められていることだろう。

諏訪四社は本殿を持たずに自然物を拝礼するという古式が守られてきた。少なくとも千数百年以上――おそらくはもっとはるかに遠い昔から、その信仰形態は連綿と続いてきた。にもかかわらず、ここにきてその形態を根本から変えてしまうという暴挙がおこなわれたと非難されている。もともとの様式に戻すべきであるというとらえかたは地元には特に根強い。――しかし本当にそうだろうか。

現在の本殿をよく見ていただきたい。

これは〝写し〟と解釈すべきではないだろうか。伊勢神宮の古材を用いているのでずいぶん立派な建築になっているが、格子の設計は瓜二つと言ってよいだろう。つまり、現・本殿は、かつての精進屋を復元したものなのだ。ただこれに、拝殿（拝所）と瑞垣《みずがき》が加わったために印象も佇《たたず》まいも一変してしまったようだが、本質的には変わっていないと私は考えている。むしろ最大にして唯一の問題は、本殿（精進屋）に祀られている神体は何か、ということではないだろうか。ほぼすべての神社と共通の「鏡」では、大祝の代わりにも、ミシャグジの依り代にもならない。――そして私は、ここに、行方不明の「要石」が納められていると信じているのだが、読者の方々はいかがであろうか？

ミシャグジとは何者か。その謎を解くために、これまで数多くの研究者が挑戦してきて、いくつもの説が提示されている。

先に紹介したように、柳田国男はすべて「あて字」であると断じているが、必ずしもそうではないだろう。ミシャグジ信仰を今に至るまで継承してきたのはその地の人々であり、いずれかの文字を当てたのはその子孫たちである。当て字であっても、

現・本殿

昭和七年以前にあった精進屋

その中のいずれかが本来の意味を体現している可能性はじゅうぶんにあるだろう。たとえば万葉仮名は当然すべて当て字であるが、その文字の中には本来の意味と無関係のものもあると同時に、驚くほど相応しい選択も存在する。そういった事実を目にすると、古代の人々は必ずしも漢字の意味をまったく知らなかったという訳でもないかもしれないと思わせる。

「宿神」を充てたのは中沢新一氏であるが、氏は山梨出身であり、氏の父である中沢厚氏は山梨県全域で石神の調査研究に長年取り組んできたことで知られている。氏の大著『石にやどるもの』は貴重な論文で、「やどるもの」が中沢新一氏の「宿神」説の原点であるのだろう。

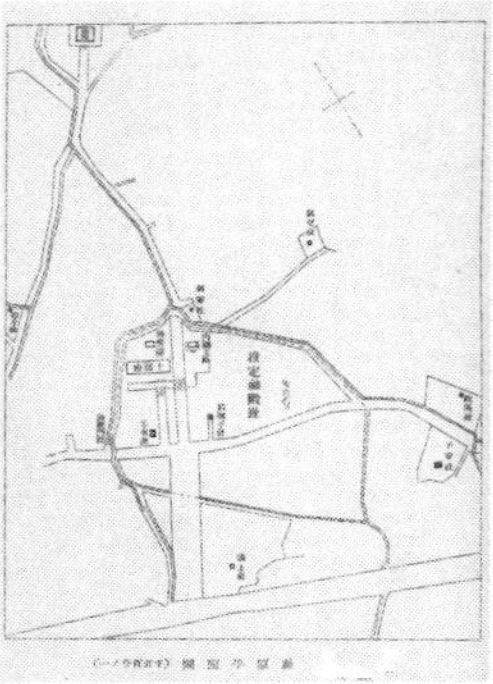

さてそれでは、本宮とミシャグジの関係はどうなのだろう。

四社それぞれの見取り図は諏訪大社を採り上げる文献にはおおむね掲載されているが、例外なくすべてに共通する問題がある。それは、参道入口を図の下側に描くため、四社とも〝南向き〟であるかのような錯覚を読む者に与えてしまうことだ。

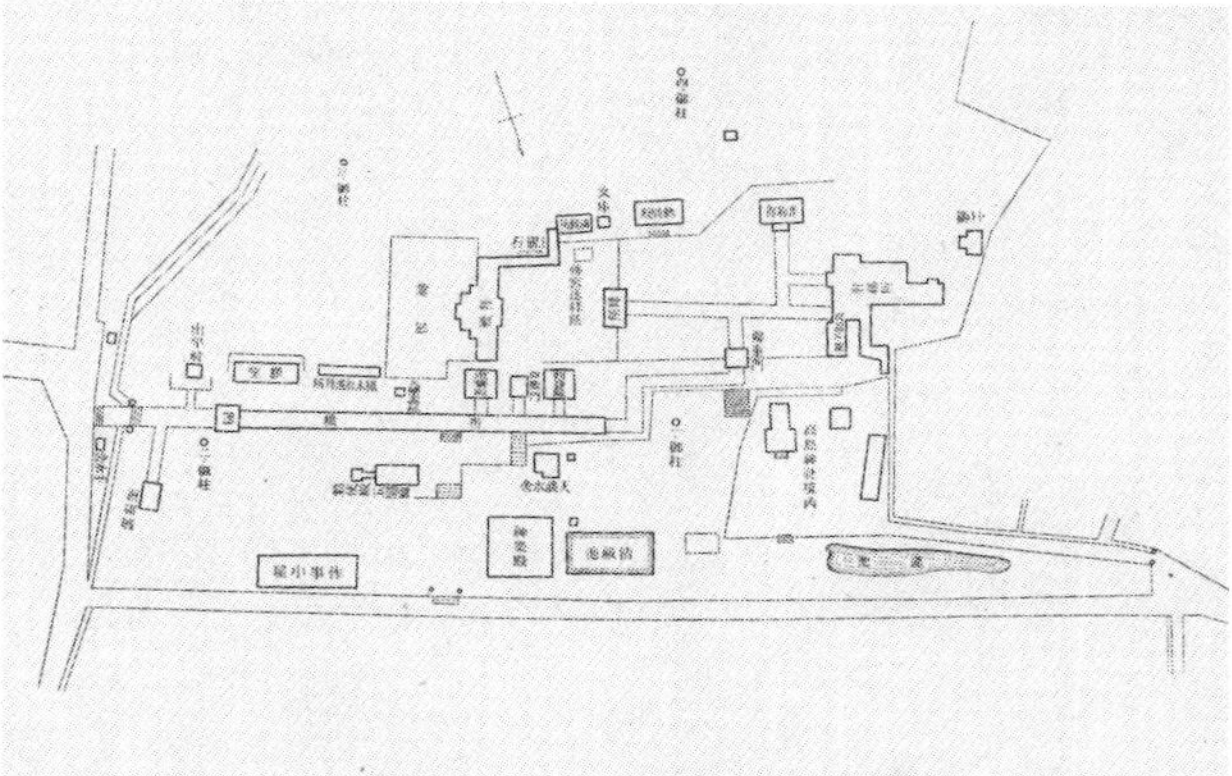

上社境内平面圖（千五百分ノ一）

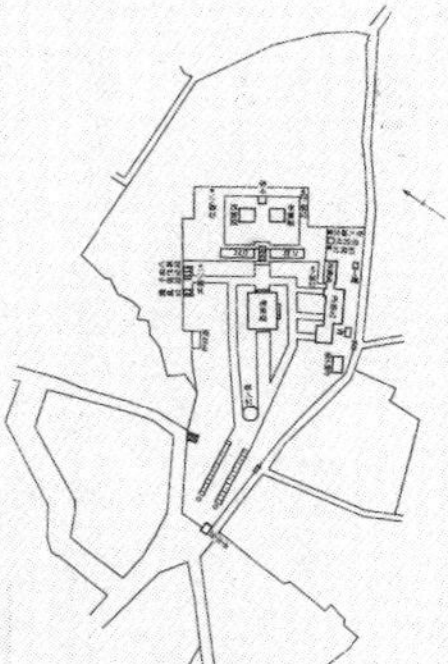

下社秋宮平面圖（二千四百分ノ一）

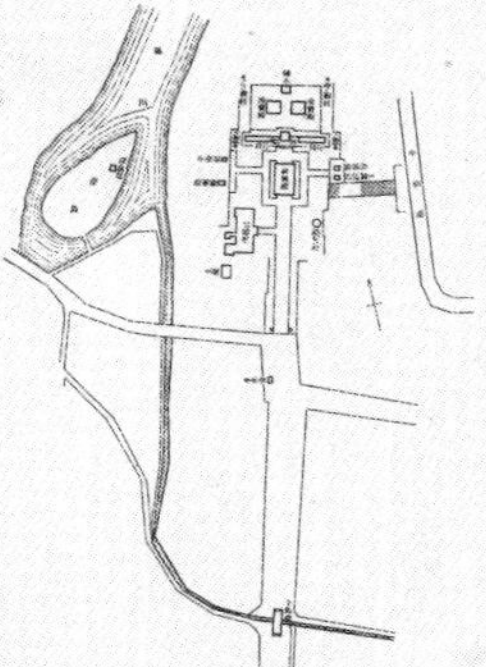

下社春宮平面圖（二千四百分ノ一）

諏訪社の図面（『諏訪史』第二巻前編、古今書院。右頁も）

むろん、図にはそれぞれに方位記号が付してあるが、地図というものは上が北で、下が南であるのが常識で、それは地図の原則である（明治以降）。地図を見るたびに、「この地図で北はどちらだろう？」などとわざわざ考える必要はないようになっている。それが合理性であり利便性の基本として採用されているのだ。

にもかかわらず、諏訪大社の見取り図でこのように不合理なことがおこなわれているのは、「神社は南向き」という固定観念があって、そういう読者の感性に迎合して〝見やすさ〟を訴求した著者あるいは編集者の勝手な操作であろう。しかし神社には、少数ながら、東向きもあれば西向きもあり、北向きさえあるのだ。そしてその〝向き〟は、それぞれの神社の由来と深く関わる重要な意味がある。それを見えなくしてはならないだろう。

諏訪研究の基本文献である『諏訪史』（一九三一年刊行）でさえも諏訪社の図面は前頁のように示されている。

これでは四社すべてが南向きのように見えるが、方位記号を見るとわかるように、四社はバラバラである。前宮は北東向き、本宮は北北東向き（現在の祭祀では西北西向き）、春宮は南南西向き、秋宮は南西向きである。むろん拝礼は、これらの正反対方向に対しておこなうことになる。

それにしてもなんとわかりにくい向きだろう。一般に神社の社殿というものは、東西南北に正しく合わせて、その多くが真南を向いている。少数の他の方角を向いている神社も、東西北のそれぞれの方角に対しておおむね正対している。つまり、諏訪四社のように半端な角度で鎮座している神社はきわめて珍しい存在なのだ。しかも、四社がすべて別の方角を向いている。とくに本宮は、ほぼ逆向きである。

地図の〝常識〟に基づいて私が作成したのが一八一頁の図である。上を北にすると、こうなるのだが、北北東が諏訪湖に面していたと考えれば、この向きの理由は判然とする。

本宮は、なぜこの向きなのか？

主な神社――大社や古社は、そこに鎮座している明確な理由がある。

祭神の古墳の真上に建つものや、その古墳を背後にして麓に建つもの、古墳を奥宮として利便性から建てられた里宮など、おおくは「祭神の墳墓」と直接間接に関係する（古墳という用語は古墳時代に築造された大型墳墓を意味するものだが、ここでは単に「古い墳墓」の意として用いている）。

であるならば、諏訪大社四社も、それぞれになんらかの形で祭神の墳墓と関わりがあるはずであろう。

たとえば中央の意向によって後発で建立された春宮・秋宮が、その二社の間にある前方後円墳と強い関わりのあることは間違いないだろう。この二社の祠職が〝皇別〟の者に限られていることからも、朝廷・皇族に関わりの深い人物の墳墓であり、祭神の八坂刀売神がその系譜に連なる神であると示唆している。

さてそれでは、上社はどうなのか？

それは、ここが建御名方の墓所だからだ。後の菅原道真と同様に、僻遠の地で怨みを飲んで死んで行った建御名方は、強大な祟り神となった。朝廷はこれを手厚く祀り、守護神となしたのだ。

これに対して、硯石こそは、建御名方神以前の古き神・ミシャグジであろう。かつての諏訪人は、これを拝礼していたのだ。

そしてある時に、建御名方神の霊威が「神居」に埋葬された。その瞬間、本宮の主神は入れ替わったのだ。

本宮は、元はミシャグジを祀るものであった。ミシャグジの依り代は「硯石」であろう。左図の②から四脚門をくぐって霊地に入るのが本来の在り方である。その時に右手に一之御柱、左手に二之御柱が位置するのは当然である。現在の参拝方法である

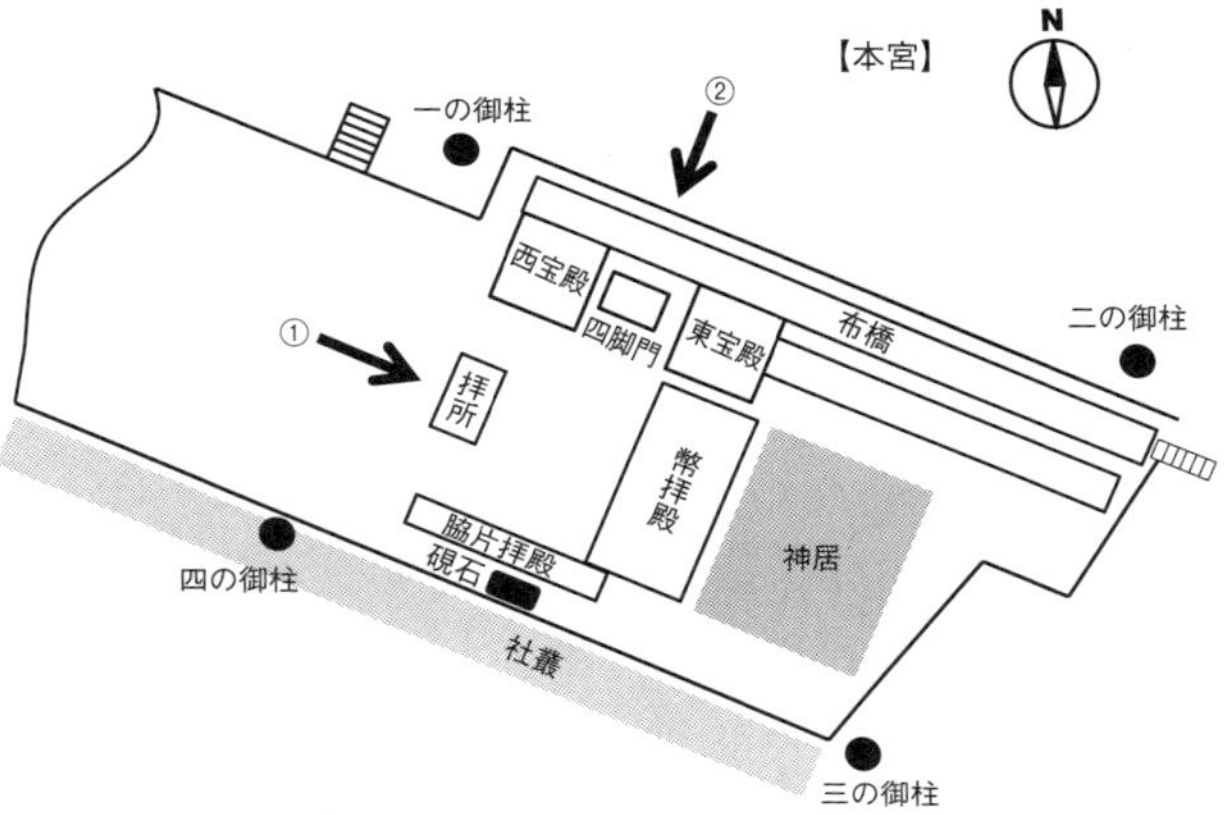

筆者作成による、北を上にした諏訪社の図面

①では、御柱の位置と整合しない。前宮も、春宮秋宮も、正面参拝の際には、右に一之御柱、左に二之御柱となる。本宮も、同じ形で参拝するには②でなければならない。そして②から霊地に入れば、正面に「硯石」を拝礼することができる。

しかし、現在大社では①を正しいとしている。これは、後世「神居」に建御名方神を祀ったことにより、変更したためであろう。

ちなみに地元の研究者である八ヶ岳原人氏が、そのサイト『諏訪大明神画詞紀行』において興味深い考証をおこなっている。『上社古図』およびいくつかの文献における硯石の取り扱い、あるいは描写、そして現在の位置とを比較すると、氏の結論「硯石は移転した」ということで、その卓見には大いに説得力を感じる。

なるほど確かに氏の分析通り「薬師堂下」（『諏訪かのこ』）から、現在の神饌所の東側（元は御炊殿《みかしきどの》＝神饌所はここにあった）へ「移転」というか「移動された」可能性はありそうだ。

硯石は、『上社古図』（江戸時代初期）では神居の上に描かれ、『諏訪かのこ』（一七五六年）は薬師堂下と記し、これらは同じ位置を示していると思われる。そして他の文献や絵図には見当たらない。そして現在は、その位置より西へ数メートルの場所にある。拝殿や神饌所、四脚門（四足門）を位置関係を計る目印としてみると、確かにそう考えられないこともない。

しかしその「移動」について八ヶ岳氏は、理由がわからないと記しているが、現状を見れば理由は推測できるのではないだろうか。硯石の現在地は、四脚門（四足門）の正面に当たるので、硯石を御神体として崇敬していた古き信仰を甦らせるためだろう。そもそも四脚門（四足門）が古来その位置にあって、古代の諏訪人はそこから拝礼していたとの観念は私たちの思い込みでしかない。神居に新しき神を祀って本宮とするに際して、門も西へ移動されたのかもしれないのだ。祭祀の形を変えたということは、その程度の設計変更は不思議でも何でもないだろう。とりわけ社殿建築は設計変更されることが珍しくない。そして設計変更による新社殿建築に当たっては、硯石は移動されなかったということだろう。

だから近世において硯石を移動したのは、古い信仰形態を復元しようとの意図であれば理屈は合う。本来であれば門を移動することで旧に復したいところかもしれないが、すでに神居を拝礼する形が定着しているので、こちらの方法を選んだということなのかもしれない。

硯石の正体

ところで硯石はなぜこのような形状なのだろうか。まさか雨水を溜めるのが目的ではないだろう。この場所で、このようにわずかな雨水を溜めてみてもほとんど意味はない。もし溜めるなら、神に捧げる意味意義のあるものでなければならないだろう。また、それを溜めるにしても、「器」ではなく「石」、それも相当に大きな扁平な巨岩である必要性を明らかにしなければなるまい。「諏訪の七不思議」などという子供騙しで納得するわけには行かないのだ。

造形的に通底する「石」に、飛鳥の「酒船石」がある。飛鳥は〝謎の石〟が散在することで知られているが、酒船石はそれらの謎の最たるものだ。

「(酒船石は)平石の表面に円形の皿状の窪みを三つと、角切《すみきり》長方形の窪み一つとを彫り、直線の溝で連ねた構造は、酒搾り石とか、人身供犠台であるとか、ベンガラ採取用だとかの憶測を生んだ。今後もいろいろの説が出るであろうけれども、中世の献《けん》供板《ぐばん》に六個の皿状窪みをあけたものが、奈良元興寺極楽坊の中世庶民信仰資料から出ているので、祭りの際に液体や固形の供物を盛る石であったかもしれない。(略)しかも野外の石を用いるということは、自然宗教に関係があると見なければならない。その古代の自然宗教は、仏教や陰陽道や神道のような文化宗教が出来ると、庶民信仰または呪術宗教として、記録や祭祀から排除されて、伝承をうしない、現在との連続性が断絶する。」(『石の宗教』五来重)

五来氏の指摘にもあるように、硯石が〝謎の石〟となったのは、「文化宗教」である神道が建御名方神という新しい神とともにやってきたことによるだろう。つまり「庶民信仰または呪術宗教として、記録や祭祀から排除されて、伝承をうしない、現在との連続性が断絶」したのだ。「硯石」という呼び名自体も、「酒船石」がそうであるように、本来のものではないだろう。

そしてこれは「祭壇」であろう。マヤ、アステカなどにも同様の遺物は少なからず

硯　石

酒船石

見られるが、これは「生《い》け贄《にえ》」を捧げる祭壇であろう。その生贄が、はたして人間であったかどうかはともかくとしても、窪みは「生血」を溜める器であったのかもしれず、その周囲の平面は「肉」を盛る皿の役割であったのではないだろうか。すなわち、前宮・十間廊で御頭祭がおこなわれるようになる前は、ここでおこなわれていたのではないか。それが、建御名方神がやってきて「本宮という神社」になり、祭祀は一変した。伝承は失われ、その後との連続性は断絶したのだ。

そもそも前宮・十間廊で現在おこなわれる御頭祭は、本宮から神輿が渡御し、その神輿を祭神として執りおこなわれる祭儀である。本来は大祝を神として、その神前でおこなわれてきたものであるが、神輿がそれに代わった。神輿には御神体＝大祝の身代わりとして「後奈良天皇宸筆の神号」が奉戴されているという。つまり、何もかもが〝代用〟になってしまったのだ。

諏訪信仰の本質は「石神」か？

神道というものは、自然信仰あるいは精霊信仰が本来の姿である。これらを畏敬・崇敬するという信仰心は、はるか縄文の時代からおこなわれているものだ。

神社の社殿には様々な建築様式があって、日本の建築史を代表するものであるが、その源流となる様式は二つに絞られる。すなわち、伊勢の神明《しんめい》造りと、出雲の大社《たいしゃ》造りである。神明造りは古代の穀物倉が、また大社造りは住居が原型であったとされる。しかし、この建築様式は千数百年程度の歴史にすぎない。わが国固有の信仰は、もっと遥かに永い歴史を持っており、これ以前の歴史も同じほどに永く、これを古神道《こしんとう》と呼ぶ。古神道は精霊信仰《アニミズム》であって、自然崇拝が本質である。すなわち自然なるものすべてに神の遍在を観るもので、山も海も川も神であり、太陽も月も北極星も神である。風も雷も神であり、季節も時間も神である。つまりこの世界、この宇宙に神ならぬものはなく、神とともに在る、という思想だ。そして、その原形は四種に集約されると私は考えている。

一、**神奈備**《かんなび》
二、**神籬**《ひもろぎ》
三、**磐座**《いわくら》
四、**靈**《ひ》

いずれも漢字を用いていない時代からの言葉であるから、文字は後世の、少なくとも記紀万葉の時代以降の当て字である。なお、発音は古式では「kwam-nabi」「hyi-i-morogi」「yiwa-kura」「hyi-i」ではなかったかと私は推測している。これは万葉仮名からの判断である。

第一の「かんなび」は、神奈備、甘南備、神名火、賀武奈備などとも書き記す。いずれも神隠《かんなび》の意味で、神の居る山、すなわち神体山として崇敬、信仰されるものをそう呼ぶ。富士山に代表される左右相称《シンメトリー》の独立峰が多いが、峰が二つ（二上山）、あるいは三つ（三峯山）、などもある。山岳信仰は講《こう》によって成り立っており、その信仰圏は「山頂を望める（可視）地域」が基本である。ちなみに富士信仰の拠点は、富士宮市の富士山本宮浅間大社《ふじさんほんぐうせんげんたいしゃ》であるが、その信仰圏には富士神社や浅間神社など多くの分社がある。

このタイプの神道信仰は、三輪山と大神神社《おおみわ》（奈良）、白山《はくさん》と白山比咩神社《しらやまひめ》（北陸）、大山と大山阿夫利神社《おおやまあふり》（神奈川）、岩木山《いわきさん》と岩木山神社《いわきやま》（青森）など全国各地にみられる。山とともにある信仰であるから、その発生は当然ながらはるか古代に遡るものだろう。

中には、大神神社のように三輪山そのものを御神体として、神社に本殿を設けず、拝殿のみという形のものもある。ちなみにここの鳥居は横木がなく、左右に一本ずつ立てられた柱に注連縄《しめなわ》を渡してあるだけというシンプルなものだ。これらの形は、鳥居の古式であるとされている。なお、川や滝の信仰は、その元である神奈備の信仰に準じる。

第二の「ひもろぎ」は、神籬、霊諸木などとも書き記す。神の依り代たる森や樹木をそう呼ぶ。ひいては、榊などの常緑樹で四方を囲み、注連縄を張り巡らして中央に幣帛《へいはく》などを立てた祭壇のことをそう呼ぶこともある。いずれにしても森、または擬似森で、神の住まう場所、降臨する場所、神々の集いたまえる場所のことであり、「鎮守の森」の原型とも言えるだろう。伊勢の神宮の別宮である滝原宮《たきはらのみや》は、その典型だ。ここは神宮の元宮と言われており、それだけの歴史と由緒をもっているが、しかし社殿は驚くほどに簡素であって、これが皇大神宮の別宮、遥宮《とうのみや》と尊ばれる社である。聖地として社殿を包み込む大きく深く鬱蒼とした森は、まさに神の住まいにふさわしいものだろう。これほど美しい鎮守の森はなかなか他では見られないもので、筆者は個人的に滝原宮を最も好ましい神社と思っている。

　ちなみに、伝統的な日本家屋には、自然環境と融和・調和するという生活観が古くから根付いており、

諏訪大社前宮・本殿裏の御神木（現在の姿）

それが「借景」や「庵」といったわが国独特の建築思想の基本になっている。つまり庭の彼方に望む山や森も、庭から連続する風景として取り込んでしまうし、「庵」は建物そのものが自然の中に同化することにその存在理由があるのだが、これは神奈備や神籬と一体になることだ。

第三の「いわくら」は、磐座、岩倉、岩鞍などとも書き記す。磐境《いわさか》も関連の施設である。

磐座は巨石《メガリス》のことで、それ自体が神の依り代である。また磐境は環状列石《ストーン・サークル》であって、結界を造りだしている。両方の組み合わせであることが多い。

熊野速玉大社の元宮である神倉《かみくら》神社は、その典型であるが、山頂の一個の巨石を御神体として崇敬するもので、「神のいわくら」がそのまま社名になったものだろう。有名な火祭り（御燈祭り）で松明を持った男たちが駆け降りる石段からすでに磐境となっており、社殿のある山上一帯も祭祀の場として巨石巨岩に満ちている。熊野三社の信仰が元々自然崇拝であることの象徴でもある。

第四の「ひ」は、靈、日、火などとも書き記し、太陽信仰のことである。

太陽は光を発することから「光の信仰」であり、太陽光を集めて火を生み出すことから「火の信仰」でもある。また「風の信仰」「空気の信仰」でもある。

太陽は地上のすべてのものに降り注ぐところから、森羅万象に神々の遍在すること、すなわち精霊《アニマ》の意として靈《ひ》とする。「八百万の神々」の本質とも言えるだろう。

以上のように、神奈備《かんなび》、神籬《ひもろぎ》、磐座《いわくら》、靈《ひ》の四つが、神道の本来の姿である。いずれもあるがままの姿を尊び拝む。

したがって、古来、わが国には「石造文化」はないのだが、多くの石造建築物が紛れ込んでいる。本来、岩石はあるがまま、それを刻むことはしないので、石灯籠や石鳥居、石造の狛犬などは神社の境内に馴染まないものだ。石祠や石像も本来はないもので、おそらくは仏教の石地蔵に倣ったものではないかと思われる。道祖神も同じことが言えるだろう。もともとは何ものかを想像させるような独自の形をしている自然石信仰であったものが、人工的に彫刻（男女一対のレリーフなど）を施すようになって行ったものであろう。磐座は、あるがままの岩石を拝するものである。神の依り代（あるいは神そのもの）を人間の好みで切り刻んではなるまい。

同じ論理で、「神像」も神道には馴染まない。これも仏像に対抗して（真似て）造られたものである。

古神道の石神は、磐座、岩倉、石鞍などと表記されるが、単なる岩や巨石がすべて磐座というわけではない。「クラ」とは神の座であって、それだけ特別の岩であることが条件となる。神の依り代に相応しいと、多くの人間が感じること。それは古神道の依り代である「神奈備《かんなび》」や「神籬《ひもろぎ》」も同様である。

日本列島にはその地理風土の特性から山岳は数多いが、多くの山岳の中でも際立つたたずまいのものを神奈備と呼んで信仰してきた。また、いたるところにある森や林の中でも、特別の気配を込めるものを神籬と呼んで信仰してきた。これらと同様に、他を圧するかのような岩、特別な力が加わったからこその姿・たたずまいと見える岩――それを磐座と呼んで信仰してきたのである。

「宗教的には石は無生物、無機物ではない。神や霊は神籬《ひもろぎ》（常磐木《ときわぎ》）とともに『磐境』に宿ると考えられ、祭祀は磐境でおこなわれることが多い。大和の三輪山などはその顕著な例で、文化宗教としての神道の祭は拝殿でおこなわれるが、これに先立つ自然宗教の祭祀は三輪山中の磐境でおこなうのである。」（『石の宗教』五来重）

磐座にも小さなものから大きなものまで様々あるが、奇妙な形、不思議な形をした岩石は、「神が一瞬凝り固まったもの」のように古代人には見えたのだろう。そして、そこに依り坐す神を畏敬する。奇岩巨岩は、しばしば「なゐ（地震）」の結果として姿を現す。それまで誰も見たことのない「石」が、巨大地震の地割れや山崩れの後に、突然出現するのだ。

あるいは、見上げる位置にある岩山は、辺りを揺るがす「なゐ（地震）」が起きても微動だにしない。そこで、その岩山が大地の要となっていて、その地域を「なゐ（地震）」から守っていると信じる。

また、地域に点在する巨岩は、大地の揺らぎの〝ツボ〟を押さえているもので、そのおかげで「なゐ（地震）」の破壊から守られていると信じてきたのではないか。「諏訪七石」は、それらの代表であるだろう。

ミシャグジが磐座・磐境であるのは間違いないが、その地域への集中を概観すると、何を怖れ、何を押さえ込もうとしていたのか想像が付くだろう。祟りなす諏訪の神とは、「地震の神」である。

そして、「地震の神」であるとするなら、それゆえにこそ重要なことがわかってくる。諏訪の神は、なぜ「血」を求めるのか。あるいは「生け贄」を欲するのか。

それは、かつて大地が裂けて未曾有の大災害をもたらした時に、あまりにも多くの生命が失われた記憶に起因しているのだ。日本の真ん中を横断するこの巨大な裂け目は、定期的に「血」を、「贄」を捧げて鎮魂慰霊しなければ、ふたたび大きな口を開けて人々を呑み込むのではないか――諏訪人たちは、そう怖れて、繰り返し祀り祈ってきたのではないか。それが、諏訪信仰の本質であり真相ではないだろうか。

血祭り

諏訪信仰は「血祭り」である。

御頭祭も御射山祭も、そしてもちろん御柱祭も、いずれも「血祭り」である。

「血祭り」とは、生け贄の血を神に捧げることである（敵対する相手をやっつけるという意味での「血祭りに上げる」という使用法は近年のもので、本来の意味とは異なる）。古代においては、とくに軍神に捧げて戦《いくさ》の勝利を祈願した。それゆえ、諏訪では軍神・建御名方への供物として「血祭り」がおこなわれて来たと解釈できる。

ただ、御頭祭のみはひときわ具体的な供物が伝承されており、「血祭り」の様子がよみがえる。菅江真澄（江戸後期の博物学者）の証言によれば、

「鹿の頭七十五、真名板の上にならぶ。（中略）しら鷺、しろうさぎ、きぎす（雉）、山鳥、鯉、鮒、いろいろなししむら（肉）、桶に米三十升が入り、それには菱の餅、ゑび、あらめなどの串刺しがさされており、大きな魚や小さな魚、毛が固い獣や柔らかい獣など」（『すわの海』）とある。

この記録に添えられたスケッチをもとに復元されたのが神長官守矢史料館の展示である（次頁写真）。

血まみれの首で慰められる上社の神とは何ものか。その慰霊対象者こそは、本来の諏訪の神であろう。しかも供えられる鹿の首は七十五であるから、これは対象者の総数を意味するものと考えられる。慰霊対象者が七十五柱であるから、捧げられる首も七十五なのだろう。それ以外にこの数値の解釈はないだろう。したがって首の数を勝手に増減してはならないことになるが、もはや長い時間が経過して慰霊対象者が具体的にわからなくなっている。数もわからなければ、意義もわからず、ただ儀式のみが継承されている。

しかしそれも仕方のないことかもしれない。すでに大祝も失われ（制度としても失われているが、血統としても過日絶家となった）、神長官・守矢氏による〝秘儀〟もすでに断絶して一部分しか伝わっていない。大祝に代わって、神社庁によって任命された神職は血縁がなく、さながら中央の出先機関に赴任しているかのような奉職である。これでは、神饌の鹿の首が剝製になっても無理からぬところだろう。

ただ、諏訪の神饌から〝血〟の匂いを拭い去ってきたのが仏教倫理であることは再認識しなければならない。六世紀に仏教が持ち込まれたが、それ以前のこの国には、

怨霊神への慰霊・鎮魂のために捧げられる「贄」（神長官守矢史料館）

ごく普通に獣が神前に捧げられていたのである。

現在でも、少なからぬ事例が継承されている。

宮崎県の銀鏡《しろみ》神社の例祭では、直前に捕獲された数頭の猪を神職が神前で解体して、氏子たちと共食する。猪の生首は鼻先を天に向けて、案の上にずらりと並べて神前に誇示される。血の滴る猪の首が並ぶ前で、夜通し神楽が舞われるが、そのクライマックスは狩猟を演ずる「シシトギリ」という演目である（これは「猪頭《しし》切り」のことであろうか）。

▼**銀鏡《しろみ》神社**　宮崎県西都市大字銀鏡

【祭神】大山祇尊　岩永姫　懐良親王

諏訪上社の御頭祭では、摂社である千鹿頭《ちかとう》神社が鹿を用意した。祭神の内県神《うちあがたのかみ》は、建御名方神の御子神とされ、その役割から「狩りの神」ともされる。社名の「千鹿頭」は「多くの鹿の頭」の意か。なお、同じ社名の神社は六社ある。諏訪と茅野に四社、松本に二社。御頭祭とどこまで関わっているのか不明だが。

▼**千鹿頭神社**　長野県諏訪市大字豊田字宮垣

【祭神】内縣神

諏訪の「血祭り」は、かくも用意周到である。祟り神・建御名方神が「血」を求めるのはある意味、理に適っている。しかしどうやら、「血祭り」はそこにとどまらず、さらに古い神であるミシャグジにそもそもの起源がありそうだ。

ミシャグジの正体

本章冒頭で「ミシャグジ」の意味についての解釈を試みたが、ここでその答えを出しておこう。

中沢新一氏は「シャグジ＝宿神」説を唱えているが（『精霊の王』）、「シュク＋ジン」は完全な呉音である。漢音よりは古いとはいうものの、五世紀頃に輸入されたという説が一般的で、もしさらに遡《さかのぼ》ることができたとしてもさほど大きな時間は超えられないだろう。そもそも「シャグ」＋「ジ」つまり「シュク」＋「ジン」が漢語発想であるから、ある程度以上遡ることはできない。この発想法では、氏の言うところの〝縄文〟へ到達するのは難しい。

柳田国男は「石神」をはじめとする漢字表記をすべて否定したが、それではせっかくの手掛かりを失うことになるだろう。確かに万葉仮名は当て字の集大成であるが、その当て字がすべて無意味ということはない。万葉時代の人々は漢字を利用するにあたって、漢字の発音だけを学んだのかといえば、そんな不合理なことはないだろう。「意味」は一切拒絶して、「発音」のみ学ぶなどという偏頗な行為は、かえって不自然でもあり、無理がある。実際に『万葉集』で用いられている漢字はきわめて多様かつ大量で、しかも難読漢字も少なからず含まれている。これだけの漢字を学ぶのに「意味」を完全に排除したとは到底考えられない。──つまり、意味もある程度承知した上で〝当て字〟をおこなっていたと考えるのが自然であるだろう。

ミシャグジには多くの表記があることはこれまでに紹介してきたが、それらは新しいものもあれば古いものもある。明治時代以降に付けられたと思《おぼ》しきものもあれば、飛鳥時代以前まで遡るのではないかと思しきものもある。──ここに重要なポイントがある。

ミシャグジの当て字にも、漢音・呉音ばかりではなく、万葉仮名すなわちヤマト言葉が含まれているのだ。たとえば「御社宮司」などは「御」以外はすべて漢音であるので新しい当て字であるのが明白だが、「御佐口」や「美佐久知」は万葉仮名の用法にきわめて近く、古い発生であるのかもしれない。であるならば、これらの当て字には本来の意味を探る重要なヒントがあることになる。

右に「シャグ」＋「ジ」は漢語発想であるから根元に迫れないと述べたが、ならばヤマト言葉として解析するとはいかなることか。それは「シャ」＋「グジ」である。

「シャグ」＋「ジ」＝漢語発想
「シャ」＋「グジ」＝ヤマト言葉発想

本来、ここから始めなければならないのだ。「シャ」＋「グジ」であるならば、ヤマト言葉では原型は何か。

「サ」＋「クチ」であろうか。

サは「狭・裂・賽」の意味で、境目のことだろう。

クチは「口」であろう。

そして「サクチ」は「サ・クチ」か「サク・チ」か「サ・ク・チ」かということになる。

「割け口」でも「割く地」でも意味は同じになる。

すなわち、ミシャグジとは濁音のないヤマト言葉とすれば、「ミサクチ」であろう。とすれば、「境目」「裂け目」を畏怖して祀ったのが始まりではないか。

諏訪湖が巨大断層の真ん中に出来た臍《へそ》であることは、古来この地に住む者で知らぬ者はないほどに浸透していたはずである。つまりミシャグジとは、地震の神であろう。「フォッサマグナの古語」とでも言うのが相応しいかもしれない。現代にも通じる恐るべき祟り神の呼び名である。ミシャグジの依り代の多くが「石」であるのも、裂けた岩からの由来であろう。

そして磐座も神奈備も御柱（神籬）も、かつて大きく割けた大地を押さえ鎮める封印なのであろう。すなわち、ミシャグジという祟り神の封印である。

第五章　「縄文」とは何か

農耕民族と狩猟民族という対立概念

日本の「縄文」という概念と「弥生」という概念は、まるで正反対の〝対立概念〟のように、いつの間にか取り扱われるようになってしまった。かく言う私自身も久しくその呪縛に捉えられていた。

二〇五頁の写真は、二〇〇五年に国立科学博物館で開催された「特別展『縄文VS弥生』ガチンコ対決!!」なるもののポスターだ。企画・運営が、国立科学博物館、国立歴史民俗博物館、読売新聞社の連名である。〝VS〟や〝ガチンコ対決〟という字句が、この企画展の趣旨を端的に表している。しかも運営主体の三者は、いずれもわが国を代表する〝権威〟である。いやが上にも縄文文化と弥生文化の異質さを知らしめられるように展示されていた。縄文から弥生へと移る時、〝民族の交替〟があったというものだ。

ただ、不思議なことは、ご覧の女性二人の選定である。ネットなどでもかなり話題になったのでご存じの読者もいると思うが、縄文の女性はたいへんな人気を得た。一方、弥生の女性はたぶん韓国系だと思われるが、こちらが現在の私たち日本人の直接の祖先だと言っている訳であるから、かなりの不評を買った。

しかしこれに象徴される認識が、日本の〝権威〟の共通認識になっているのだとあらためて思い知らされることになったと言ってもよい。

それにしてもこの種の誤解は、相当に根深いものがあるようで、誘導するためのデマゴギーや、ある種の〝悪意〟さえ感じさせることが少なくない。

——あらためてその主旨を要約すると、高度な文化を持った弥生人が朝鮮半島から渡来して、土着の縄文人を征服し、稲作と鉄器文化を広めて現在の日本人の祖先となった、縄文人は辺境の東北（蝦夷地）と沖縄（琉球）に追いやられた、というものだろう。

これは近代以降、学校教育によって一気に広まった〝新説〟である。私も高校で、半島から先進的な文化を持つ人々が集団で日本に渡来し、文化的に劣る縄文人を淘汰・駆逐して、弥生文化を築きあげたと教わった。

しかしそれならば、なぜ私たちは新羅語や高句麗語を使わず、ヤマト言葉でその後の歴史を築いて来たのだろう。支那（china）系の漢語は文化学術用語として採り入れたが、朝鮮系の言語の痕跡は、ほぼ皆無だ。漢文の歴史書や漢詩集は作られたが、朝鮮語の文書はまったくない。そしてもちろん、日本人が話し、書きつづってきたのはヤマト言葉である。

「縄文VS弥生」の特別展は、いよいよ来るところまで来てしまったかという印象であるが、おかげで日本人の多くが「間違い」に気付き始めたのは、むしろ幸いであったかもしれない。この特別展は、その意図とは逆の効果をもたらしたのだ。

日本人は古来、神の恵みを「海の幸・山の幸」というくくりでとらえている。これはすなわち、縄文と弥生が表裏一体であることを示している。

現に今生きている私たちは、両方の要素を合わせ持つことによって現在の繁栄に至っているのであって、これは二者一体以外の何ものでもないだろう。私は日本人のこうした民族性・体質は、はるか古代から本質的に変わらないと考えている。

誤解のもとは行動原理にある。

こつこつと努力を積み重ねれば、必ず報われる。——これが農耕民族の体質である。稲は、田んぼを耕すところから始まり、収穫までにたいへんな時間と労力を必要とする。しかし、日々の労力は、必ずや実りの収穫となって成果がもたらされる。その結果、何事においてもそのパターンを踏襲するという体質・気質になる。私たち日本人が「努力は必ず報われる」と信じているのは、二千年に及ぶ農耕の歴史が育んだものだという認識である。

これに対して、狩猟漁撈民族は、運・不運に左右される〝一発勝負〟だ。自分がいくら頑張って努力しても、獲物は常に保証されるわけではない。逆に、労せずして大きな獲物に巡り会うことも珍しくない。本マグロを釣り上げた漁師や、大猪に出くわした猟師は、多分に〝幸運〟の恩恵に与《あずか》っているという認識だ。

「特別展『縄文VS弥生』ガチンコ対決!!」ポスター（国立科学博物館、2005）

この結果は、崇敬する「神」の違いに直結する。

片や、実りをもたらす恩恵の神。
片や、獲物をもたらす幸運の神。

紀元前六世紀頃に、日本（本州・九州）は縄文時代から弥生時代に変わったとされている。

しかし、もちろん一夜にして変わるはずもない。

それでも最盛期の縄文式土器と、最盛期の弥生式土器を比較して、「まったく異なる民族文化」だという解釈は定説のようになっている。

縄文式土器は、狩猟漁撈の生活に適したものとして造り出され洗練された。

弥生式土器は、農耕生活に適したものとして造り出され洗練された。

目的が異なるのだから、造形も異なって当然である。水稲耕作（単なる稲作ではない）によって獲得されるようになった稲は、狩猟生活とは桁違いに豊かな食料をもたらし、しかも保存することで通年安定的に食料を確保できるようになった。これが生活を一変させたのは事実である。現代の日本人が食生活の変化によって、体質までもが一変したのと同様である。私たちは今、「二度目の弥生文化」に移りつつあるのだ。しかしもちろん〝民族の入れ替え〟などというものが今おこなわれていないことは、私たち自身が知っている。江戸時代の日本人と、平成時代の日本人を比較して「民族の交替があった」などと主張する者がいたなら、笑われるだけだろう。

かつて日本人の食生活に革命的変化をもたらした水稲耕作は、古代の支那（china）から伝来したものであるが（おそらくは江南地方から）、その本家本元である支那

(china) には農耕民族的な性格は希薄である。

支那 (china) 系の漁師たちは近海のみならず遠洋においても資源保持などの〝努力〟は考えずに採り尽くし、そのおかげでマグロもカツオも鰻も絶滅しかかっている。日本の漁師たちが長年コントロールしてきた海洋資源が短期間で破綻に瀕しているのは彼らの暴挙ゆえである。

また彼らの陸地に目を転ずれば、ひたすら森林を伐採するばかりで、その後に植林するという〝努力〟をまったくしなかったために、広範囲に亘って回復しがたい砂漠化が進んでしまった。そのために黄砂は年々悪化し、はるか日本にまで降り注ぎ、害毒を撒き散らしている。日本の森林の九十九パーセントが恒常的な植林によるものであるのとは対照的である。これらの事実は、いずれも、私たちが理解している「農耕民族の特質」とは異なるものだ。いったいこれはどうしたことだろう。

日本の山も海も、私たち日本人の祖先が長年たゆまぬ〝努力〟を積み重ねた結果として成立しているものである。つまり、農耕民族の体質や狩猟民族の体質といった問題ではないのではないか。山も海も共に、日本人の民族的特性が反映されて現在に至っているということではないのか。これは断絶ではなく、連続である。実りをもたらす神も、獲物をもたらす神も、共に日本人の神であろう。

森に住む神

日本人にとって〝原風景〟とも言える「里山」は、自然にできたものではない。過疎地の行く末を見れば一目瞭然だが、住む人がいなくなると、たちまち荒れ果てて見るも無惨な状態になる。里山は日本人が長い年月をかけて造り上げた風景である。そしてそこに暮らす人々によって、絶え間なくメンテナンスされていればこそ、その「懐かしき姿」を保ち続けているのだ。

私の叔父が終戦時に帰還する際、船が日本に近づくにつれて黒々とした陸地が遠望されて「ああ、日本へ帰って来たのだ」としみじみ感じたという。そう、日本の陸地は森林で覆われているので遠望すると「黒々と見える」のだ。それに比べて中国大陸や朝鮮半島はほとんど樹木がない（今は地域によっては植林がおこなわれているところもある）。ことごとく刈り取られてしまって、いわば〝禿げ〟状態であったという。刈り取った後に植林をせずに放置すると、いわゆる「砂漠化」が出来《しゅったい》する。

日本人は樹木を切った後に必ず植林するが、中韓ではそれをおこなわず、砂漠化が進んだ。彼の地は、船上から遠望すると白茶けて見える。これに対して日本の植林はすでに縄文時代からおこなわれており、それは彼らとは決定的に異なるところだ。

現在確認できる日本の森は、九十九パーセントが植林によって人為的に造られたものだ。手付かずの原生林は日本列島にはわずか一パーセントしかない。つまり、この風土は、私たちの先祖が縄文時代から長年かけて造り出し維持し続けて来たものなのだ。わが懐かしき里山の風景も、そうして生み出され保たれている。

もし先祖たちが植林による循環システムを採用せず、切り出すばかりであったとしたなら、今の日本列島の九十九パーセントは禿げ山、砂漠化していることになるだろう。懐かしむような里山風景はどこにも存在していないことになる。

そして、私たちが懐かしむ里山の中心には、必ず鎮守の森、すなわち神の社がある。氏神《うじがみ》神社や産土《うぶすな》神社こそは里山の中心だ。人々の生活サイクルは神社を中心にして営まれるのが古くからの形である。このうちに「いかなる神」のおわすかは各地様々であるが、そこに暮らす人々を見守る「神」が鎮座する。随神道《かんながらのみち》とは、こうして継承されてきた「古くて新しい暮らし」のことである。

ヨーロッパでは、人間は大自然と「対立する」存在として考えられてきた。すなわち自然を征服するところに文明や文化が生まれ、また自然と隔絶した空間を生活の場として求めることになる。だから住居は石やレンガで建造し、厚い壁で外気を遮《さえぎ》る。屋外に広がる大自然はあくまでも「脅威」であり、時には「災い」をもたらすものであって、そのようなものから自らを守らなければならないのだ。すなわち「森には魔物が棲んでいる」のである。

しかし日本では、「森（杜）には神が住んでいる」もしくは「神が降りてくる」とされている。これが「鎮守の森」の思想である。これを「神籬《ひもろぎ》」という。

神と共存するか、魔物と対立するか、日本とヨーロッパとでは自然についての考え方は対極にあるのだ。

諏訪の神は、日本の神々の中でもひときわ古い神であるが、とくにミシャグジは縄文か、あるいはさらに古い時代から信仰されてきた神であるかもしれない。石に降りる神、森に住まう神、それがミシャグジである。その〝縄文の神〟が、現代の暮らしの中に息づいているのが諏訪という地域である。

諏訪もいたるところで里山を形成しているが、その中にミシャグジは収まり溶け込んでいる。むろん、里山が里山となるより以前からミシャグジはそこにあって、むしろ里山の発生から今に至るまでを見守ってきたのだから当然である。「鎮守の杜」の本質は、ミシャグジそのものと言ってもよいだろう。つまり、鎮守の森が失われるということは、そこに鎮まっていたミシャグジも失われるということで、〝封印〟が外れることを意味するだろう。

ちなみに折口信夫も柳田国男も南方熊楠も、日本人の祖先は南から海流に乗ってやってきたとしている。これを常世神《とこよのかみ》という。漂着地の目印＝依り代として、折口はタブを挙げ、柳田はクロモジを挙げた。熊楠は、もちろんクスノキである。これによって、現在まで残る漂着神（よりがみ）を祀る鎮守の森の成り立ちとする。つまり、鎮守の森とは、これら南方系の樹木で形成される〝照葉樹林〟なのである。御神木の多くが照葉樹（楠《くすのき》・樫《かし》・椎《しい》・椿《つばき》・樅《もみ》）であるのはここに由来している（＊御柱はすべて樅《もみ》の木）。

しかし全国的に「鎮守の森」の現状はかなり厳しい。とりわけ都市部では、地価の高騰による土地の活用という名目で、社殿が裸同然にされているところが少なくない。本殿の背後は駐車場に化け、境内にも参集殿と称するビルが犇《ひし》めいている。神の依り代たるべき神籬が失われ、境内地の都市化はまるでどこかの国の〝砂漠化〟のようだ。

鎮守の森をいつくしむ心情は、すなわち私たち日本人の本質に直結するものだが、いま、都市部の多くの神社は鎮守の森を喪失している。東京では名だたる古社でさえ鎮守の森を喪失している。残念なことだが、都市部では、神の依り坐《ま》す森や林が甦ることはもうないだろう。

諏訪社による封印

森に恵まれている諏訪大社は四社とも境内に巨樹が生い茂っている。

そしてなお、その巨樹を圧倒するように御柱という樅の大木が四隅に屹立して、六年後の次の回まで静かに佇みながら聖域を守護している。これがいつから始められたのか定かではないが、四本の柱で囲まれたエリアを最も神聖な場所とする思想は、神社の原型である。拝殿しかなく、本殿がないというのも神道信仰の古式である。

ご存知のように、大多数の神社は鳥居をくぐるとまず拝殿があって、その奥に本殿があり、そして本殿の中には祭神にまつわる御神体が祀られている。御神体は祭神の依り代である。

ところが前述のように古社の中には大神神社《おおみわじんじゃ》（奈良）や金鑽神社《かなさなじんじゃ》（埼玉）のように、拝殿のみで本殿がなく、背後の山そのものを御神体、すなわち神奈備として祀っているところが少なからずある。

そういう意味では諏訪も、最も古い信仰形態の典型であって、社殿の建築自体はあまり重要ではない。むしろそういうものを取り払った状態で考えるべきだろう。

御神体と御柱のみ、という姿を想像すると諏訪信仰の本質が見えてくる。

本書巻頭で、四社の紹介をするのに社殿（拝殿）の写真を載せたのは、一般的慣習に倣ったものだが、実は不本意であった。いずれの社殿も中世以降に築造されたものであって、古代の神々を偲ぶよすがにはまったくならないからだ。諏訪の究極の姿は、御柱と御神体のみである。

御神体は下社秋宮がイチイの木、春宮がスギの木、上社前宮が樹木および磐座《いわくら》（著者推測）、本宮が神奈備（神体山）および磐座である。樹木、岩、山といった自然物の中で特に際立ったものを神の依り代として崇拝するのが最も原初の神道信仰の姿であるとは、すでに述べた。

また、依り代を囲うように四本の自然木を立てて聖域と為す方法も神道祭祀の原型で、地鎮祭などの際に忌竹《いみだけ》と称する青竹を四本立てて注連縄を張り巡らせ、その中で祭祀をおこなうのも同じことで、仮設の神の社を表すものだ。


ところで私が初めて諏訪を訪れた時、秋宮から春宮へと歩いて回り、湖岸の道路を車で半周して本宮へ向かったのだが、かねがね不思議に思っていることがある。先にも記したが——諏訪大社は、なぜ諏訪湖が御神体ではないのだろうか。

川や滝や湖は格好の神の依り代で、どこでも崇敬の対象になっている。たとえば熊野三社（和歌山）は川、岩、滝がそれぞれの御神体である。

▼熊野本宮大社（**大斎の原**）【**主祭神**】家津御子《けつみこ》大神——【**御神体**】熊野川
▼熊野速玉大社（**神倉神社**）【**主祭神**】熊野速玉大神——【**御神体**】ゴトビキ岩

▼熊野那智大社（飛瀧神社）【主祭神】熊野夫須美《ふすみ》大神――【御神体】那智滝

なお、三社それぞれの祀り方も時代が下るとともに複雑になっており、本宮は十四神、速玉は十九神、那智は十七神を祭神として祀っている。長年に亘る神仏習合や修験道などとの関係・影響によるものだが、この祭神の多さは特別で、熊野信仰の変遷を物語っている。また社殿も華麗で荘厳になっているが、どちらも後世のものだ。御神体を祀るために、御神体の中、脇、前に設けられたものだ。

そして本来は、右に示す主祭神のみを祀るものであった。他の神々はすべて後から合祀されたものであるので、熊野の本質を知るためには〝信仰的装い〟に惑わされてはならない。だから他の神々をここには記さない。それぞれの由来や神威について述べて行くならば、他の数多《あまた》ある熊野についての論考と同様に混沌の渦の中に巻き込まれてしまうだろう。

熊野信仰の歴史的変遷や信仰様相の推移などについて研究するならばそれはそれで意義のある作業である。しかし熊野の発祥、原点を知るには、時の経過とともに次から次に重ね着されてきた装いを徹底して排除しなければならない。そしてその答えが、右に示した主祭神三神である。

これに倣えば、上社と下社は諏訪湖を挟んで南北にあるわけで、諏訪湖と信仰上の特別な関係にあることは明白だ。

四つの社はそれぞれ東西南北を向いている。つまり拝礼する時に、諏訪湖に背を向ける形になる。

これは対外的に守り神の役割として解釈できなくもない。ただ、その中で本宮が北向きである。怨霊神の封印と解釈できなくもない。すなわち「御霊《ごりょう》信仰」との理解である。しかも諏訪大社本宮は、かなり無理な構造で北向きに仕立て上げているのだ。そして前宮、秋宮、春宮と合わせて四つもの社で諏訪湖を取り囲んでいる。このありようは、あまりにも大きな恐怖があって、それに対する最大限の封じ込め手法と解釈できる。

四本の御柱で、それぞれの神域は封じられている。

さらにその社、四社で、諏訪湖は封じられているのだ。

そこまで強力な霊力で「封じられた諏訪湖」とは、いったい何を意味するものなのか。——前章の最後で述べたので、読者はすでにおわかりのことだろう。

巨大断層を封じる諏訪の神

フォッサマグナ！——私がその名を初めて知ったのは中学の時の教科書で、ドイツ人地質学者ナウマンによって明治期に発見され命名された大断層、と学んだ。

北は糸魚川から、南は富士川に続く地層の裂け目で、日本地図で見ると本州中央部を東と西に両断しているのが一目でわかる。ラテン語で fossa は「裂け目」、magna は「大きい」の意である。その名の通り最も大きいところでは数十メートルほどの垂直断層となっており、本州を真っ二つに分けていると言ってもよい。断層の東西では地質も異なり、動植物層もかなり違う。

諏訪湖はこの巨大断層の真ん中に出来た断層湖である。しかもここは、中央構造線も交差している。日本列島のクロス・ポイントだ。いつかこの断層で大規模な地震が起きるのは不可避のことであろうが、その象徴のように諏訪湖は誕生した。

とすれば、恐るべき大地震の記憶とともに、その昔には湖そのものが畏敬されていたと考えられる。

この断層が次に地震を起こすのは二百年以内とされている。宝永地震も富士の噴火も、この大断層と無縁ではない。

この地域には、段差三十メートル以上はある垂直の崖がそこかしこに認められる。これだけの段差は、今でこそ普通に行き来しているが、かつては動物も植物も簡単には行き来できなかったろう。何万年もの間それが続けばお互いに別世界だろう。ここを境目に東西の断絶があったかもしれない。実際に植物層は現在でもかなり違うという調査結果がある。それなら人間の文化にも影響がないとは言えない。日本の東西の文化相が異なることは誰でも知っている事実だが、その原因の一つに地理的かつ物理的理由があるかもしれないというわけだ。しかも、時代が古ければ古いほど影響は顕著になるだろう。

確かにそれは我々の盲点かもしれない。東西文化の比較論は日本史全般の重要な視点の一つだが、フォッサマグナという地理的かつ物理的ファクターはその答えに大きな影響を与えるだろう。日本列島は世界各国の中でも決して大きな国土ではない。しかしこれだけの大きな断層は、その大きくない国土の中でも差異が生じるほどのファクターなのだと、いくつかの事実が語っている。

しかも驚くべきことに、この断層は洪積世初期にはすでに活動していたと考えられるため、東西の断裂の歴史は二百万年近くに及ぶことになる。そう考えれば、日本列島の東西が自由に行き来できるようになったのは、ほんの最近のことなのだ。

たとえばこの大断層をヤマタノオロチに見立てると、退治＝鎮撫ということになり、その役割は諏訪大社の神威にふさわしい。断層の中心に鎮座して大地を押さえ込む大いなる力、あるいは二度と大災害が起こらないよう祈りを込めてここにいざなわれた強力な神・建御名方神。宮地に屹立する御柱《おんばしら》は、大地を鎮めるために突き刺した巨大な槍のようにも見えるではないか。

「まつり」の本質は「祟り鎮め」

諏訪には他の地域では聞かない特殊な神が少なくない。すでに紹介した洩矢《もれや》神やミシャグジ、さらに千鹿頭《ちかとう》神や、そそう神など、これらの聞き慣れない神の名は、（洩矢神は別として）どうやら縄文由来であるようだ。

諏訪を中心に、とりわけミシャグジ信仰が目立つのは、その大地震によって出現した奇岩巨石への畏敬があったからだろう。硯石も小袋石も御座石も、おそらくはいずれも大地震の証しであり痕跡なのだろう。だから諏訪の人々は、これらを目にするたびにかつての恐怖を思い出し、あるいは語り継いだ。しかしそれもやがて時間の経過とともに忘れ去られて、観念的な畏敬の念だけが残ったのだろう。それがミシャグジ信仰であり、諏訪の古い信仰の正体である。

唯一、縄文由来からは例外と考えられるモリヤ神は、守屋、守矢、洩矢などとも表記されて定まらないが、文字を充てる際に「守谷」が選ばれたのはやはり由来ゆえであったのかもしれない。この「谷」すなわち「裂け目」を守る押さえの石、要《かなめ》の石としての再確認である。

重石をポイントに置くことで、大地が再び裂けることを押さえるのが諏訪信仰の真相である。古代の諏訪人はただひたすらに祟りを恐れた。守屋山こそは、それを押さえる最大の磐座なのだ。

そしてその磐座に依り坐す神に、〝血〟を捧げる祭りがおこなわれる。

祭りというものは、その多くが「怨霊の祟り鎮め」を目的としている。

神社と「まつり（祭り・祀り）」が不可分の関係にあることは、いまさら言うまでもないが、神輿も山車《だし》も神の乗り物であり、祭りは神をことほぐものだ。そしていずれも神社から出て神社に帰る。

心得違いしているひともいるかもしれないが、寺院と祭りは無関係であって、本来寺院に祭りはない。あたかも祭りのようにおこなう催事が寺院でも見受けられるが、それは神社の手法を真似たものである。おそらく祭りの起源は縄文期まで遡るもので、今よりはるかに素朴な形で営まれていたと思われる。

「まつり」とは、祭り、祀りと表記するが、本来は「まつりごと」であって、すなわち「政事」である。祭祀と政治とが不可分に一体であった古代日本の思想であって、これを今なお実践しているのが天皇である。

また、厳粛なる「祀り」としては全国の神社において神職が実践しており、賑やかな「お祭り」としては全国各地で四季折々に実践されている。

また、神社の祭りは、そこに祀られる神の性格と深く関わっている。そして祭りの本質は、祟り鎮めである。私たちの祖先は、世の不幸不運は怨みを持つ神霊の祟りであると考えていた。その神霊の怨みや怒りを鎮めることが、不幸から逃れる方途であると考えた。それが「まつり」の発祥だ。

まつりの発祥は、「天の岩戸開き」である。アマテラスが岩戸の中に隠れてしまったので、もう一度出てきてもらうためにおこなった踊りや音楽による賑わいである。アマテラスは、スサノヲの乱暴な行為に怒って岩戸に引きこもった。つまり「怒り」によるものだ。アマテラス引きこもりによる結果が「暗黒の世界の出現」である。これを「祟り」という。

岩戸開きの祭りは、その「怒り」を鎮め、慰めるための催しである。すなわち「慰霊」「鎮魂」である。「鎮魂」の意味には二種あって、自らの魂を鎮める意味と、何のかを慰霊する意味とあるが、慰霊のほうが先にあって、それを神職の修法とした。折口信夫は、みずからのためにおこなう鎮魂・魂振りを神道の根元に見たが、なにもないところに突然このような修法の生まれるはずがない。

すなわち、祟り鎮めの御柱祭《おんばしらさい》は、日本の祭りの原点であり、御霊《ごりよう》信仰の典型である。すでに述べたように、「御柱祭」で立てられる「柱」は、怨霊神を封じるための巨大な楔であるだろう。

また七十五体もの鹿の生首を神前に供える「御頭祭《おんとうさい》」（上社・前宮の神事）などの特殊神事は非神道的であると思っている人も少なくないだろう。確かに、血まみれの鹿の頭部を供物として祭壇に供えるというのは、私たちが抱いている神道の清浄なイメージとは相反するものである。一般に抱かれている神道イメージは、「稲」と「水」と「塩」だろう。これは、神棚に供える最も基本的な神饌であるから、当然といえば当然である。

この他の神饌も各種の神事の際に目にする機会は時々あるだろうが、野菜や果物が主で、あとはせいぜい海草などの海産物が供えられ、地鎮祭などでは唯一の生饌として「鯛」が供えられる（地域によって他の魚介類で代用）。鯛は海産物の一種ということで誰も不思議に思わないようだが、あくまでも血の通う生き物であって、それ以外の穀物や野菜類とはまったく異なるのだが――。

日本人は古くから鯛を愛でてきたもので例外なのかというと、そうではないだろう。むしろ神道において、この供饌は何ら不自然ではない。すなわち鯛に限らず魚介類は、神の恵みたる「海の幸、山の幸」の範疇であって、なんら忌避すべきものではないのだ。

そしてその理屈であれば、鳥獣も「山の幸」ということで、神饌としてむしろ相応しいということになるだろう。

神道に〝血のケガレ〟が導入されたのは六世紀以後のことである。すなわち、渡来の仏教に同調したもので、このような神道観は本来のものではない。繰り返すが、血を「ケガレ（汚れ・穢れ）」とする思想は仏教のものであって、もともとの神道にはないものだ。そして神道とは、縄文から連綿と続く「かんながらのみち（随神道）」なのである。

神が宿るもの

森羅万象に神の遍在を見るという神道の思想は、実は「縄文人の信仰」のことだ。そしてこの信仰のままであるならば、いわゆる「社殿」は必要ない。

社殿というものは、仏像を納めるための寺院に倣って造り出したもので、造った以上はその中に納める「御神体」が必要になる。本来、自然物や自然現象を拝礼する信仰であったのが、社殿を造ったために「何か」拝む対象物を置かなければならなくなった。これはある意味本末転倒だ。

人工物を御神体と為して、これを拝礼するという形式は、弥生文化である。

これに対して、自然物を御神体、あるいは依り代として拝礼するのは縄文文化である。

つまり、現在ある神社でも、祀り方を見れば、弥生の神か縄文の神か基本的な区別はできる。

たとえば草薙剣を御神体としている熱田神宮は、弥生の神の典型であろう。

これに対して、大神《おおみわ》神社は拝殿のみで本殿がなく、背後の三輪山そのものを御神体として拝んでいるが、これは縄文の神の典型である。

縄文人の信仰形態は自然信仰。その形態を引き継いでいるのが、本殿のない神社だ。いずれも山や森や岩といった自然物を信仰対象としている。これこそは、この風土においても最も古い形の信仰だ。

「ミシャグジは一般に石棒とされている」と前章で紹介したが、次頁の写真の石棒群はまさに諏訪地方の縄文遺跡（北山長峰遺跡、棚畑遺跡）から発掘されたものである。「石棒は縄文中期の遺物」（『石にやどるもの』）と中沢厚氏が断定しているように、ミシャグジ信仰は縄文時代からすでにあったものである。中沢氏は甲斐地方（山梨県）の石神研究の第一人者であって、貴重な研究成果は他に代え難いものである。左頁の写真下は、氏が調査の過程で撮影した一枚である。
「筆者がかつて北巨摩郡小淵沢の駅にほど近い八幡社の境内でみた石棒群は、その後残念なことに一個も残さず所在不明になってしまった。」（『石にやどるもの』）
前後関係からこの写真が撮影されたのは一九五八年頃かと思われる。また、この神

縄文中期の遺跡から出土した男根型の石棒
（茅野市尖石縄文考古館蔵）

八幡神社境内に林立する石棒（中沢厚撮影、
同氏著『石にやどるもの』平凡社）

社は左記であると思われる。

▼**八幡神社**　山梨県北杜市小淵沢町小淵沢
【祭神】誉田別命

すべて行方不明なのだということだが、諏訪大社前宮の鶏冠社でも、大祝就位がその上でおこなわれたという「要石」が持ち去られて行方知れずである。こういったこともミシャグジの宿命なのであろう。

これらの「石棒＝ミシャグジ」に関して、茅野市尖石縄文考古館ではまことに興味深い資料を公開している。左の写真をご覧いただきたい。これは「棚畑遺跡第１２３号住居址の炉の縁にたてられた石棒」である。石棒が野天ではなく室内に、しかも「住居址の炉の縁」にたてられていたのだ。

この事実は、私たちに思いも寄らなかった〝縄文人の生活スタイル〟を示唆してくれる。もしかすると、縄文時代には、ミシャグジは「一家に一つ」だったのかもしれないと。つまり、現代の神棚や邸内祠のような位置付けもあったのかもしれないということである。炉縁に置かれていたということは、防火の神か、あるいは食物の神か、いずれにせよ、野外に祀られるミシャグジとは別の理由であるかもしれない。

棚畑遺跡第123号住居址の炉の縁にたてられた石棒（茅野市尖石縄文考古館蔵）

社殿建築の形式様式についていくら研究に励んでも、肝心なことは何もわからない。人間が弄《いじく》り回した経過を辿るだけのことで、肝心の信仰からどんどん離れて行く経過がわかるだけのことだ。

それならむしろ、ひたすら遡ればよい。遡れば遡るほど、社殿の建築様式はどんどんシンプルになって行き、ついには小さな祠《ほこら》となって、最後は祠さえもなくなるだろう。そしてそこに顕れるものこそが、ひとが最初に拝んだものなのだ。

たとえば、ある「石棒」に神の姿を見た人がいたならば、その人はその「石棒」を小高い場所に生えている立木の根方に据えて、折ある毎に手を合わせるだろう。そしてやがて、それは自然にその場所に定着して、「道祖神」と呼ばれるようになるかもしれない。さらにまた、誰かが水や米などをお供えし、さらに雨風をしのぐための工夫で、簡単な覆い屋を作ることもあるだろう。そしてそれは、「祠」と呼ばれるようになるのだ。信仰の原型というのは、こういう素朴で原始的な過程から生まれるものだ。

岡本太郎の功罪

ところで諏訪の縄文文化について触れるのであれば、画家・岡本太郎についてもあらためて触れておかなければならないだろう。御柱祭のところでも触れたが、縄文文化に日本人がこれほど関心を持つようになった大きなきっかけの一つが彼の強い主張にあったことは事実である。しかも、その主張は諏訪信仰と不可分の関係にある。

彼は縄文の「火炎土器」に強い関心を示したが、彼の描く絵画作品には「火炎」をシンボライズしたものがきわめて多い。

また、彼の代表作「太陽の塔」は、「土偶」そのものである。

つまり彼の求める世界が――その片鱗か手掛かりかが、諏訪にあったということのようで、彼はそのサインを発信し続けた。万治の石仏を絶賛したり、法被に鉢巻き姿で御柱に跨がり、おんべを振り回したりと、彼の残した〝刻印〟は、諏訪の信仰シーンには一大トピックとなったのだ。

しかし彼には、「縄文文化」や「土俗信仰」への敬虔な畏敬はなかったのではないかと私は思っている。自分の創作活動に利用できるものがここにあったというだけのことではないかと私には思えてならない。


縄文由来の信仰を考える時に、民俗学でも宗教学でも必ず採り上げられるのが、沖縄・久高島の秘祭「イザイホー」である。一九七八年を最後にすでに失われてしまった祭りであるが、古式のままに十二年に一度のサイクルで継承されてきた巫女の祭りである。

「それは十二年前のイザイホーのとき、過疎のすすむこの島で、これがもう祭の最後になるかもしれないというので、多くのカメラマンや報道関係者をうけいれたという。おそらくそのカメラマンのなかの不心得者だろうが、風葬の後生《ぐそー》に入って墓を写真にとるばかりか、棺を開けて死者の写真まで撮った。その棺をしばった太い針金をペンチで切るほどの荒しようであった。しかもその写真は、ある好奇心のつよい、太陽の好きな前衛画家の見学記を入れて、週刊誌にのせられたのである。村のショックは慟哭するほど大きかったという。」(五来重『葬と供養』「久高島の風葬」一九七九年刊)

こういう人物が、諏訪に限って〝信仰に敬意を払った〟とは考えにくい。要するに、岡本太郎が諏訪を賞賛していたのだと鵜呑みにする訳には行かないということを、私は言っておきたい。個人的な好奇心だけで、久高島の風葬を冒瀆した〝芸術家〟は、諏訪についても、やはり好奇心だけで行動していたのではないかと思わずにいられない。

本書でここまで述べて来たことからある程度認識していただけたかと思うのだが、「諏訪の縄文」はなかなか複雑で、一筋縄で解釈できるようなものではない。御柱祭の盛大さや、万治の石仏のユーモラスな造形は、諏訪の観光資源であり、それを発信する岡本太郎は、ある種の〝恩人〟であろう。

しかし、もし彼がもう少し長生きして、「縄文のビーナス」や「仮面の女神」という土偶に出会うことができたなら、彼の諏訪観は大きく変わり、彼の芸術にも革命的な変化をもたらしたかもしれないと思うと、少々残念な気がしないでもない。

土偶の正体

土偶は「ミケツカミ」なのではないかという仮説を私が初めて提示したのは拙著『ニギハヤヒ』（二〇一一年／文庫『ニギハヤヒと『先代旧事本紀』』二〇二〇年）においてであったが、ここではさらにもう一歩踏み込んでみたい。

ミケツカミとは、御饌津神《みけつ》、御食津神《みけつ》などと記すが「ケ（饌・食）」は「食物」、「津」は「の」であるから「食物の」という意味である。

食物神は『古事記』では大宜都比売神《おおげつひめのかみ》、『日本書紀』では保食神《うけもちのかみ》、『先代旧事本紀』では大御食都姫神《おおみけつひめのかみ》として登場する。

大宜都比売（大御食都姫）は、本来は大食津比売であろう。つまり「大いなる食物の女神」のことである。

高天原を追放されたスサノヲは、大宜都比売（大御食都姫）のもとを訪れて食物を乞うた。すると、鼻と口と尻からさまざまな食材を出し、料理した。

スサノヲは、それをのぞき見て、汚物を供するものと思い込んで、怒って殺した。すると死体の頭から蚕が、目から稲が、耳から粟が、鼻から小豆が、陰部から麦が、尻から大豆が生えた。（『古事記』『先代旧事本紀』）

保食神は、文字通り「食を保つ神」である。

アマテラスの命によりツクヨミは、保食神を訪れた。すると、陸に向かって口から米の飯を出し、海に向かって口から魚を出し、山に向かって口から毛皮の動物たちを出し、それらを揃えて多くの机に載せてもてなそうとした。ツクヨミは「けがらわしいことだ、いやしいことだ、口から吐き出したものを私に食べさせようとするのか」と怒って、保食神を斬り殺した。

その死体からは、頭に牛馬、額に粟、眉に蚕、眼の中に稗《ひえ》、腹の中に稲、陰部に麦・大豆・小豆が生えた。（『日本書紀』）

このように、登場人物は異なるものの、殺された女神から穀物や海山の産物が発生するというストーリーは共通する。

死体から農作物その他が発生するという神話は「ハイヌウェレ型神話」といわれるもので、東南アジア、中南米、アフリカなど世界各地に見られる食物起源神話の型式の一つであって、より古い起源を示唆している。弥生より古き神、すなわち、これは縄文の神である。

ちなみにわが国の縄文時代の土偶は、ほとんどが破片の状態で発見されているが、それは理由があってのこととするのが定説になっている。ただ、その理由には、ケガレを託して破壊することで祓い清める、あるいは人柱の身代わりとする等々さまざまな説がある。

しかし私は、土偶こそはミケツカミであると考える。

土偶は、女性を象るものがほとんどだ。しかも、そのほぼすべてが破壊された状態で発掘される。破壊するために、造っている。そして破壊は、死を意味する。つまり、殺害することが目的の呪術である。

これこそは先に見た大宜都比売神や保食神、大御食都姫神に共通する食物起源神話そのものである。殺害された女性神の身体から、海山の産物が生まれるのだ。

すなわち土偶は、豊穣祈願の縄文祭祀なのである。少なくとも弥生の神ではなく、ヤマトの神でもない。すでにその以前より存在していながら、畏敬すべき神として取り込まれたものである。

ただし、土偶には二種類ある。

一つは、右に述べた役割を持つ土偶。これは破壊されることが前提になっているもので、したがって立体造形にあまり拘らない。

そして、もう一つは、決して破壊されることはなく、むしろ破壊してはならない土偶である。

「土偶」とひとことで言っても、それはきわめて多種多様であり、しかも製作された期間もきわめて長期であり、地域も日本列島の北から南まできわめて広範囲である。にもかかわらず、そのすべてを「土偶」のひとことで括ってしまったのは、誤解の原因になった。むろん今さら別の呼び名を付けたりすれば、さらに混乱を招きかねないので別の方法で区別されるべきだろう。本書では仮に「破壊土偶」と「非破壊土偶」と呼び分けることとする。見た目が似ているのは、時代も素材も人型であることも共通しているためであるが、その製造目的・使用目的がまったく異なるのだ。

左頁上の写真二点は、いまやあまりにも有名な「縄文のビーナス」と「仮面の女神」である。まだ発掘されて間もないが、大きな話題となったので、ご存じの読者も少なくないと思う。

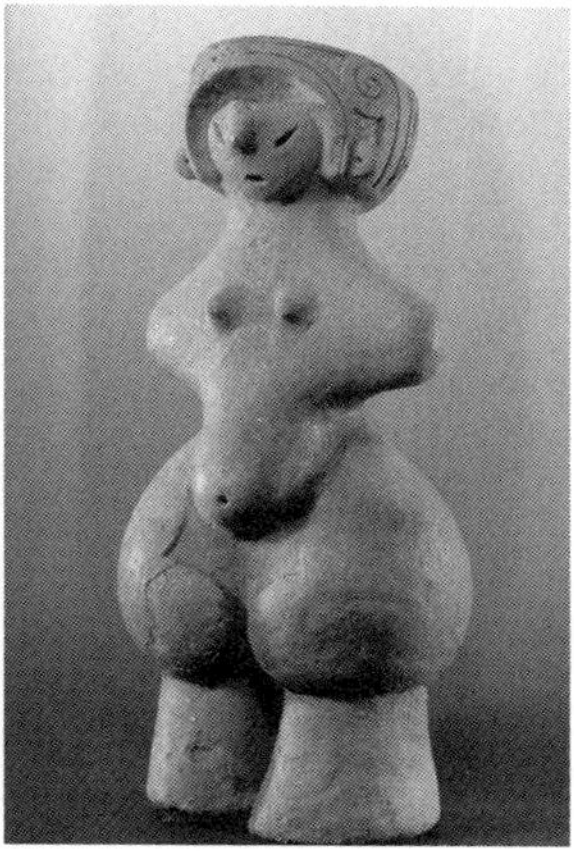

（右上）大型土偶「縄文のビーナス」（縄文時代中期／国宝／茅野市米沢・棚畑遺跡出土／茅野市尖石縄文考古館蔵）
（左上）大型土偶「仮面の女神」（縄文時代後期前半／国宝／茅野市湖東・中ッ原遺跡出土／同館蔵）
（左）仮面土偶（縄文時代後期／長野県新町遺跡出土／同館蔵）

「縄文のビーナス」は、一九八六（昭和六一）年に茅野市米沢・棚畑遺跡から発掘。「仮面の女神」は、二〇〇〇（平成十二）年に茅野市湖東・中ッ《なか》原《ぱら》遺跡から発掘。

この二体が近接する遺跡にあったのは、偶然ではない。これだけの造形を必要とする現象がこの地にはあったのだ。

この二体に比べると、ほとんど無名に等しいが、すでに昭和初期に長野県上伊那郡辰野町・新町遺跡から、「仮面土偶」が発掘されている（辰野町と茅野市はちょうど真ん中に守屋山を挟んで東西に位置している）。昭和初期、辰野町新町泉水地籍で行われた開田工事の際に発見された。両腕を左右に広げ、力強く足をふんばり、当時の出産の姿勢を示すとされているが、はたしてそれはどうか。顔面にはこの土偶の名のとおり、逆三角形の仮面を付けていて、まさか出産に仮面を付けたりはしないだろう。

それでは何を体現しているのだろうか。

これら三体の土偶の下半身、この足に注目したい。こうまで太く短く造る必要はまったくないのだ。それでもこの造形に特別な意味があるから、このように造られていると考えなければならないだろう。

すなわちこれは、大地を踏みしめる姿である。しかも、踏みしめて、そのまま押さえ込む、つまり封印するという意味が込められているのではないか。

諏訪大社本宮が相撲と関わりが深いのも、こういった古代の呪術と関係があるのかもしれない。土俵入りは地固めの呪術である。土偶が「四股《しこ》」を踏むかのように両足を踏ん張っている姿に見えるのは、これは大地を踏み固める呪術であろう。相撲の土俵入りの原型であり、起源であるだろう。

そしてこのタイプの土偶が発見発掘される場所は、地震と不可分の関係にある場所である。

縄文の呪術は何に対して実施されたか

ミシャグジ（磐座・石棒）は、ただ漫然とあちこちにあるわけではない。それぞれそこに設置されているしかるべき理由があったはずである。宗教的には、その多くが何かを封じるためにそこに設置されたのであるだろう。後世、死者のよみがえりを怖れて墓石で押さえ込み封じたように、彼らは何かをひどく怖れていたのだ。ただ、ミシャグジが墓石でないことはすでに明らかになっているが、この大量のミシャグジは、ただごとではない。縄文時代に、何らかの恐怖が蔓延していたことだけがはっきりわかる。この地域で何かが起きた結果であろう。

非破壊土偶も、そこに埋設されたのは、やはりしかるべき理由があるからであろう。これだけのものが、いずれもたまたま土に埋もれていたなどと考えるのは、それこそかえって不自然ではないか。何らかの明確な意図をもって、この場所に埋設されたのだと考えるべきだろう。これだけの造形作品が、誰の手にも誰の家にも神社にも伝承されずに、いずれも土の中から発掘されたということを、もっと重視するべきではないだろうか。

古代の宗教行為としてみると、何ものかを――たとえば何かの怨霊を怖れるがゆえに、それを封じるという目的で埋設したと考えることはできるだろう。

そもそもミシャグジと非破壊土偶がこの地域に集中しているのは偶然なのだろうか。そして少なからぬ数のミシャグジが紛失や盗難によって、本来の設置場所から失われている。非破壊土偶も、発掘されたことによって、本来の場所から移されているが、それは、かつてそのポイントにおいて実施された封印を外すことを意味するのかもしれない。縄文時代の人々がおこなった〝呪術〟を信じる訳ではないが、二千年以上に亘って守られてきた呪術が近年になって次々に失われているのは、なにやら不吉な暗示であるような気がしないでもない。

ちなみに古社――千百年以上前（実際にはもっとはるか以前）から同一の地に鎮座し続けている神社――の鎮座する場所は、天変地異とはほとんど無縁である。かつて日本民族はこのような〝聖地〟を見出す技術を備えていた。それは道教・風水の輸入される以前のことであり、いかなる智恵によったのか不明だが、そこに神を祀ったのだ。それが「古神道」というものであり、現在古社が祀られている場所の特定方法である。

延喜式内社――「延喜式神名帳」に収載されている神社――が地震で倒壊したことはほとんどない。つまり、『延喜式』が編纂開始された九〇五（延喜五）年以後、現在に至るまで少なくとも千年余は安泰だったということであり、この事実は何よりの証左である。なお、『延喜式』以前にもそういう事実があれば何らかの伝承があるはずなので、そのはるか以前から安泰であったと考えられる。

ただ、はたしてこの先何年安泰であるかはわからない。なにしろ前回フォッサマグナが可動したのは、気が遠くなるほど昔のことなのだ。私たちのはるか祖先からの伝言を、私たちは正しく理解できるかどうか、いま試されているのかもしれない。江戸・関東に未曾有の災害をもたらした宝永大地震も富士山の噴火も、この大断層と無縁ではない。本州を真っ二つに割っているこの断層が次に地震を起こすのは二百年以内とされているが、それは明日かもしれないということなのだ。

これまで見てきたように封印はあちこちで綻《ほころ》び始めている。人間はすでにそれらの意味さえ忘れてしまい、はからずもみずからの手で封印を解いたりもしている。これではミシャグジは、いつか再び、人間に牙を剝くだろう。そしてそれが縄文人の畏怖した〝神の祟り〟というものなのかもしれない。

あとがき——諏訪信仰は、まぎれもなく「神道」である。

「神道」と言っても、その意味・概念は用いる人によってかなり異なり、学説としてもその概念が定まっているとは言い難い。神道を論ずる際には時代ごとに区分するのが苦肉の策として採用されていて、いわく、古代の神道、中世の神道、近世の神道、近現代の神道、といった区分である。

たとえば現代の神道は明治期に確立された「神社神道」がベースであるのだが、戦後の政教分離や宗教法人法などの直接的な影響で（なにしろこれらは神道がターゲットであったのだ！）、さらに変化を遂げている。

つまり、たかだか百数十年の間でも、江戸時代の「神仏習合神道」や「吉田神道」から、明治の「国学神道（俗に〝国家神道〟とも）」、そして戦後の「宗教法人神道」へと激変しているのだ。

歴史をさらに遡れば「神道」は時代と共に変化変遷し続けており、「神道」というものが、海外の「一神教」のような固定された信仰ではないことがわかるだろう。よく言えば柔軟であり、誤解を怖れずに言えば原始的（宗教以前）でもある。

しかし実は、そうした万華鏡のような「神道」にも、不変の一貫する本質がある。「神道」を論ずるのであれば、そこにこそ焦点を当てなければならないだろう。

それは、何か。

本書の核として提示した「縄文人の信仰（縄文時代の神信仰）」である。

これこそが「随神道《かんながらのみち》」であって、古代より現代に至るまでのすべての時代の神道にも引き継がれている本質であり原型である。これに比べれば、社殿建築や儀礼祭祀などは二義的な要素に過ぎない。

「随神《かんながら》」とは、惟神、神随、乍神、神長柄、神奈我良、可牟奈我良とも表記される。「神のままに、神として、神であるがゆえに、神の意志のままになどと解釈されている。」（『神道事典』國學院大学日本文化研究所）

これらに「道」を付けることによって神道そのものを意味する言葉として使われるようになったのは明治に入ってからであって、わが国にはもともと「神道《しんとう》」という言葉はなかった。

神道は漢語であり音読みであるから、古い言葉でないことは言うまでもないが、それは、必要がなかった、ということでもあった。そのものをあえて呼称する必要もないほどに自然にあったということである。他の何ものかと区別する必要もなかったのだ。

しかし仏教が入って来たことによって、対抗上呼び名が必要になった。その時の私たちの祖先の意識は、「神代の昔から続く信仰心」という意味で「かんながらのみち」と呼んだ。そして様々な漢字が充てられた。それから長い時間が経過して、最もシンプルな形の「神道」に落ち着いた。

「神道という語は、《易経》の観の卦の彖《たん》伝に、〈天の神道を観るに、四時久《たが》はず。聖人神道を以て教を設けて、而うして天下服す〉とあるのが初見とされ、人間の知恵では測り知ることのできない、天地の働きをさす語であった。そしてその後、神道の語は、道家や仏教の影響下で宗教的な意味を持つようになり、呪術・仙術と同じような意味でも用いられた。漢字・漢語の受容によって表記が可能になった日本では、《日本書紀》の編述に際して、用明天皇即位前紀に〈天皇、仏法を信《う》けたまひ、神道を尊びたまふ〉とあり、孝徳天皇即位前紀に〈(天皇)仏法を尊び、神道を軽《あなず》りたまふ。生国魂社の樹《き》を駒りたまふ類、是なり。人と為《な》り、柔仁《めぐみ》ましまして儒を好みたまふ〉と見えるように、神道という語が、仏教、儒教に対して土着の信仰をさすことばとして用いられている。」（大隅和雄『世界大百科事典』）

諏訪信仰は、まぎれもなく「神道」である。他の何ものでもない。しかもそれは近現代の神道ではなく、近世も中世も貫きながら、古代の神道を保持しているのだ。

なお本書では、中世以降の事象は特別な例外は除いて、基本的には採り上げていない。その理由は、あらためて述べるまでもないことだが、根源の究明のためには障害にこそなっても、益となることはないからだ。とりわけ「神仏習合」は大きな障害で、生い茂った雑草を取り除かないと、元の地面も見えず、休耕田を蘇らせることなどは到底不可能であるだろう。

なお、本書はご覧の通り「諏訪」「御柱」「モレヤ神」「ミシャグジ」「縄文」の五章建てである。本来であればこれらは各章に各一冊を費やし、全五冊でも書き切れないほどの壮大で奥深いテーマであるが、本書では「諏訪信仰の本質・源流」を解き明かすという目的に絞って論述することに限定した。個別に掘り下げる機会はいずれまた設けたいと願っている。しかしそれでもなお紙数が足らず、じゅうぶんに検証できなかった点は少なくない。伏して読者の批判を待ちたいと願っている。

「縄文」は、私にとって常に遥か彼方に輝くテーマであった。極天に輝く不動の星である北極星のように、私の研究の指針であった。論考をいくつも積み上げて、紆余曲折もあって、ようやく、ここまでやってきた、というのが私の率直な思いだ。

古代史、神話を考究すれば、やがては「縄文の神」というテーマにつながってゆくのは必然のことであろう。日本の神・日本の信仰が、この風土に根差していることは当然だが、そのことは現代に生きる私たちが古来、風土によって呪縛されてきたことを意味する。ここでいう呪縛に、束縛されるというようなネガティブな意味もあるのは否定しないが、ポジティブに造形されてきたという意味をおおいに賞揚したい。

私たち日本人は、縄文の血脈を確かに受け継いでいる。縄文の血脈をアイヌや隼人、琉球などに限定するのは誤りで、広く日本人全般に受け継がれている。

その証左は「ヤマト言葉」にある。

もし渡来の異民族によって征服され、縄文人が駆逐されたとするなら、言語も入れ替わらなければならない。しかし、そのような事実はなく、私たちは縄文人と共通する「ヤマト言葉」を今なお用いている。ヤマト言葉こそは、縄文時代から弥生以後のすべての時代を貫いて私たちを日本人たらしめている源泉である。

この力を、言霊《ことだま》という。

諏訪は、縄文信仰への入口である。さしずめミシャグジはその水先案内人であろうか。ミシャグジの後をついて行けば、縄文の世界はごく自然に開かれて行くだろう。

戸矢 学

平成二十六年立秋

文庫あとがきにかえて──諏訪の古代信仰について

万治の石仏に着目したのは某美術家であったが、これは江戸時代前期の一六〇〇（万治三）年に造られたものであるから、諏訪の悠遠な歴史においては、きわめて新しいつい、この前のことに過ぎない。

しかしそれならば、春宮秋宮とて、前宮本宮の由来に比すればはるか後世の創建である。

さらに言えば、そもそも諏訪湖は諏訪大社が影も形もなかったはるか昔から存在している。

つまり、諏訪の人々にとって信仰の原点は諏訪湖そのものなのであって、それに準ずるのが御神渡《おみわたり》であるだろう。

御神渡は諏訪の最も素朴な信仰で、諏訪湖そのものが悠久の昔から存在しているのであるから、神社ができるより遥か昔から存在していたはずである。縄文時代は今よりだいぶ暖かかったので発生しなかった年もあるかもしれないが、その前の時代、旧石器時代にはすでに毎年発生していたことだろう。それほど古い現象なのである。ただし、これを「龍神《りゅうじん》」とする民話は、かなり後に誕生したはずである。

既刊拙著『呪術と日本昔ばなし』（かざひの文庫　二〇二二年刊）に収録している諏訪地方の民話（筆者により補筆）を紹介しよう。

民話「諏訪の御神渡《おみわたり》」

諏訪湖は冬になると全体が結氷します。

そしてとくに寒い日には、不思議な現象が起こります。

氷の裂け目が山脈のように盛り上がって、湖面を南北に走るのです。

その姿は、まるで巨大な一匹の龍がのたうつかのようです。

これについては、こんな伝説が残っています。

諏訪大社の神様はタケミナカタで、妻はヤサカトメ。

お二方は諏訪の地を開拓し、人々に尊敬されながら諏訪大社上社で仲良く暮らしていました。

ところがある時、ささいなことで大げんか。ヤサカトメは諏訪湖の反対側の下諏訪に引っ越してしまいました。

さて、ひとりぼっちになってしまったタケミナカタは、寂しくてたまりません。

そこで、自分の方から下諏訪の妻の住まいを訪ねることにしました。

しかしタケミナカタは、体も大きく威厳に満ちた神様なので、自分が寂しがっていることを人々に知られたくありません。

そこで、暗くなってから舟を出して誰にも見つからないように諏訪湖を渡り、夜明け前に帰ってくることにしました。

ところがその晩は特に冷え込んでいて、夜明け前に帰ろうとして岸辺に出てみると、なんと諏訪湖は全面結氷していて、舟が出せなくなっていました。

さてタケミナカタは困ってしまいました。急がないと夜が明けてしまいます。

「ようし、こうなったら走って行こう」

タケミナカタは巨体を揺すって氷の上を走り始めました。

しかしその音は地鳴りか神鳴りのようにバリバリと響き渡り、氷はタケミナカタが走ったままに割れて砕けて山脈のように盛り上がりました。

タケミナカタの走り去った後には、下諏訪側から上諏訪側へと続いています。

夜が明けて、これを見つけた人々は、すぐに気付きました。

「ははあ、なるほどなあ。タケミナカタさまがお渡りになられたんだなあ」

でも、人々はこれを見てとても喜びました。お二方のいさかいをみんな心から心配していたからです。

それからというもの、タケミナカタは下諏訪に通い続け、冬には毎年のように氷の山脈が現れて、人々はこれを「御神渡《おみわたり》」と呼んで拝みました。

それ以来、お二方は冬の間は下社でしばしば一緒に過ごすようになったそうです。

「巨体のタケミナカタさまがお渡りになったのだから、氷にははわしらも乗ってだいじょうぶだろう」

ということで、御神渡が出現すると、人々はこぞって氷上に出かけて、氷を割って魚を捕りました。

また、御神渡の出来具合でその年の農作を占うようにもなりました。(民話　了)

悠久の昔から諏訪人に知られている御神渡は、諏訪湖の真冬の現象としてお馴染みだ。その姿形が巨大な龍がのたうつ様にも見えるので、いつしか人々がそう呼ぶようになったものだろう。諏訪明神と龍の関係については、上社のご神体山である守屋山に雲がかかると雨が降る、といわれており、山に鎮まる神なので水《すい》の徳を秘めているとされている。そこから諏訪の神の姿は龍であると、古くから信じられてきたこともある。童話の『龍の子太郎』の元の話も、諏訪の神を中心に信州の民話を組み合わせたものという。

ちなみに本書本文第二章九八頁の御柱（上社本宮一之御柱）の写真は戦前のある年のものであるが、×の文様が連続して刻まれており、さながら天に昇ろうとする龍のようにも見える。

御神渡《おみわたり》は龍神の化身であって、その本体は蒙古を撃退した嵐だという伝承もある。

『諏方大明神画詞《すわだいみようじんえことば》』の中に、

「元寇の役即ち文永十一年（一二七四年）弘安四年（一二八一年）再度にわたる蒙古軍の襲来に際し、上社の神苑に巨竜立ち昇り西方に向かって飛翔し博多湾上に蒙古の軍船を撃滅し給う」

という記述がある。この頃には、すでに「龍神」の認識があったようだ。

「龍（竜）」という概念は渡来のもので、ではいつ頃日本へ伝わって来たのかというと、記・紀がそれを教えてくれる。

【記・紀における「龍」の全用例】

▼『古事記』　一件

「序」にあるのみ。

この事実は、かねてより『古事記』は本文と序文が別の時に記されたのではないかとの推論を裏付けるものであって、なおかつ「序」は、龍字起用の一点により、本文より後に付け加えられたものであろう。

▼『日本書紀』　四十七件

そのうち「天武天皇紀下」で二十一件、

「持統天皇紀」で十八件。

合計で三十九件！

つまり『日本書紀』における「龍」の用例は、最後の二巻だけで、八割強を占めているということである。

この二点から推定できるのは、古代シナの架空の生き物である「龍」およびその漢字は、大海人皇子が皇位に就いてから公式に用いられたと推定するにじゅうぶんな論拠である。したがって龍が日本において浸透・定着したのは天武天皇以降であることが推定される。つまり七世紀末ということになる。

そもそも龍（竜）はシナ発祥の神である。シナでは、龍は神仙郷、蓬萊山の守護神とされている。

『古事記』本文に皆無であることでもわかるように、日本にはもともと龍という概念は存在せず、日本神話で最初のほうに出てくるヤマタノオロチも「巨大な蛇」であって、龍ではない。おそらく「古代道教」が入って来た際に、龍というものも入って来たのだと思われる。そしてそれは、『古事記』神話成立の後ということになる。

諏訪湖が全面結氷するのは、はるか昔からのことであって、少なくとも『古事記』や『日本書紀』の成立よりははるかに古い。しかし、当時は「龍」という概念も移入されてはいないので、『古事記』のヤマタノオロチ神話は、ちょうど「龍」が伝来する直前辺りに成立したものだろう。もしそれ以前に入っていれば、ヤマタノオロチは、九《く》頭龍《ずりゅう》になっていたかもしれない。

本文でも述べたが、御柱祭は古代のままではない。御柱祭は変化し続けている。

いかなる祭りも同様だが、祭りは民衆とともにある。したがって、民衆の暮らしが変わって行けば、おのずから祭りも変わる。突撃ラッパも木遣りも、民衆の心意気の反映の一つだろう。その変容のありようは、民衆の暮らしをダイレクトに反映する。

東京では、神輿の担ぎ手が激減し、やむを得ず小型トラックに乗せてゆっくり運ぶという悲しい光景もしばしば見られる。また、ある地域ではプロの担ぎ屋集団を雇って最盛期さながらに催行しているが、同じ人たちがあちこちの祭りで神輿を担ぐので、掛け声やリズムなど、どの地域も一緒という残念な現象も起きている。

人のいないところに信仰はないし、信仰があるところには、人が居る。当たり前のことのようだが、この両者は不可分であって、どちらか片方が欠けるわけには行かない。

諏訪にも、人が信仰することで育まれた新たな信仰や民俗がある。その最も早くに発生したものが御神渡伝説であるだろう。ただし、繰り返すが縄文時代に龍神信仰はまだなかった。しかし御神渡は、御柱より、縄文より古い信仰である。

縄文人の遺伝子は、現代の私たち日本人には十五パーセント程度受け継がれているという（個人差はあるので平均値）。とするなら、それ以外の要素が八十五パーセントを占めていることになる。日本人のアイデンティティは時代と共に変遷しているのであるから、縄文時代の民族的アイデンティティと、現代の国民的アイデンティティでは、まったく異なるものであるだろう。私は縄文文化も縄文人も縄文時代も好ましく思っているが、かといって私自身と縄文人に多くの共通項があるとは思っていない。諏訪に刻まれている縄文の痕跡は、現代の私たち日本人への「反論課題《アンチ・テーゼ》」であるのかもしれない。

私たちは、すでに縄文人ではないのだ。また今後、縄文人になれるわけでもない。にもかかわらず、縄文人に憧れるのは、ある種の「ないものねだり」なのかもしれない。

諏訪の縄文人は（それどころか旧石器人も）、諏訪湖に親しんでいたことだろう。しかし彼らは神社も御柱祭もまだ見たことはなく、ただただ御神渡だけを畏敬していたはずである。

令和七年元旦

戸矢　学

■参考資料

第一章（および全般）

『諏訪史』第二巻　前編「諏訪地方の原始信仰　他」宮地直一　古今書院　一九三一年
『諏訪史』第二巻　後編「祭神考　大祝考　社殿考　祭祀考　他」宮地直一　古今書院　一九三七年
「諏訪信重解状」（『諏訪市史』上巻所収　一九九五年）
『諏方大明神画詞』続群書類従　第三輯ノ下　神祇部　塙保己一編　続群書類従完成会　一九二五年
「諏訪事跡考」（『復刻諏訪史料叢書』第四巻所収　諏訪教育会編　中央企画　一九八四年）
『諏訪史料叢書』巻十一「諏訪上下社造宮に関する古記録」諏訪史料叢書刊行会　一九二九年
『諏訪史料叢書』巻二十「一、洲羽国考　二、顕幽本記」諏訪史料叢書刊行会　一九三四年
『諏訪大社復興記』諏訪大社編　代表・三輪磐根　諏訪大社社務所　一九六三年
『諏訪大社』三輪磐根　学生社　一九七八年
『神長官守矢史料館のしおり』茅野市神長官守矢史料館　一九九一年
「すわの海」菅江真澄『新編信濃史料叢書　第十巻』信濃史料刊行会　一九七四年
『菅江真澄の信濃の旅』信州大学教育学部附属長野中学校編　滝澤貞夫監修　信州教育出版社　一九九〇年
『日本の神々　神社と聖地　9　美濃・飛騨・信濃』谷川健一編　白水社　二〇〇〇年
『信濃一之宮　官幣大社　諏訪神社　写真帖』伊藤愛丸　官幣大社諏訪神社社務所　一九一八年
『諏訪湖』岩波写真文庫　一九五七年

『神道集』貴志正造訳　平凡社　一九九二年
『お諏訪さま――祭りと信仰』諏訪大社（監修）鈴鹿千代乃・西沢形一（編）勉誠出版　二〇〇四年
『新版　信濃古代史考』大和岩雄　大和書房　二〇一三年
「古社叢の［聖地］の構造（3）諏訪大社の場合」田中充子　京都精華大学紀要　第三十九号　二〇一一年
『諏訪大明神画詞紀行』八ヶ岳原人　http://yatsu-genjin.jp/index.htm
『全国神社祭祀祭礼総合調査』神社本庁
各神社由緒書

第二章

『心御柱記』度会行忠撰（神宮文庫蔵本）一二八三年
『心御柱秘記』御巫清広撰（内閣文庫所蔵本）一五八五年
『心御柱秘記』石部清房撰（内閣文庫所蔵本）一七二九年
『中世神話』山本ひろ子　岩波新書　一九九八年
「心柱ノート」丸山茂『跡見学園女子大学短期大学紀要三一』所収　一九九四年
『御柱祭と諏訪大社』上田正昭・大林太良・五来重・他　筑摩書房　一九八七年
『図説　御柱祭』上田正昭（監修）郷土出版社　一九九八年
『日本冒険（上）』梅原猛著作集7　小学館　二〇〇一年
『神、人を喰う――人身御供の民俗学』六車由実　新曜社　二〇〇三年

第三章

『善光寺の謎』宮元健次　祥伝社　二〇〇九年
『怨霊の古代史』戸矢学　河出書房新社　二〇一〇年

第四章

「石神問答」柳田国男『定本　柳田國男集』第十二巻　筑摩書房　一九八〇年
『石にやどるもの』中沢厚　平凡社　一九八八年
『石の宗教』五来重　講談社　二〇一二年
『古代諏訪とミシャグジ祭政体の研究』古部族研究会編　永井出版企画　一九七五年
『精霊の王』中沢新一　講談社　二〇〇三年

第五章

『神と自然の景観論』野本寛一　講談社学術文庫　二〇〇六年
『日本の深層』梅原猛　集英社　一九九四年
『縄文の神秘』梅原猛　学研パブリッシング　二〇一三年
『季刊　東北学』第二十六号　二〇一一年
『尖石考古館図録』茅野市尖石縄文考古館　一九九六年
『北の土偶　縄文の祈りと心』北海道開拓記念館　北海道新聞社　二〇一二年
『ここまでわかった！　縄文人の植物利用』工藤雄一郎・国立歴史民俗博物館編　新泉社　二〇一四年
『葬と供養』五来重　東方出版　一九九二年
『甦る高原の縄文王国』井戸尻考古館編　言叢社　二〇〇四年

その他、多くの図書資料、映像資料等を参考としています。各々の著者・編集者に謝意を表します。

なお、本文中に引用されている記紀をはじめとする古文献の書き下し文および訳文は、とくに但し書きのない限りすべて著者によるものです。

＊本文庫は、二〇一四年十二月小社刊の『諏訪の神――封印された縄文の血祭り』の副題を変更したものです。

諏訪《すわ》の神《かみ》

縄文《じょうもん》の〈血祭《ちまつ》り〉を解《と》き明《あ》かす

二〇二五年 三 月一〇日 初版印刷
二〇二五年 三 月二〇日 初版発行

著 者 戸《と》矢《や》学《まなぶ》
発行者 小野寺優
発行所 株式会社河出書房新社
〒一六二-八五四四
東京都新宿区東五軒町二-一三
電話〇三-三四〇四-八六一一（編集）
〇三-三四〇四-一二〇一（営業）
https://www.kawade.co.jp/

ロゴ・表紙デザイン 粟津潔
本文フォーマット 佐々木暁
本文組版 有限会社マーリンクレイン
印刷・製本 中央精版印刷株式会社

Printed in Japan ISBN978-4-309-42173-5

ニギハヤヒと『先代旧事本紀』

戸矢学　41739-4

初代天皇・神武に譲位した先代天皇・ニギハヤヒ。記紀はなぜ建国神話を完成させながら、わざわざこの存在を残したのか。再評価著しい『旧事記』に拠りながら物部氏の誕生を考察。単行本の文庫化。

ヒルコ

戸矢学　42078-3

なぜヒルコは、イザナギ・イザナミの第一子にもかかわらず、葦船に乗せられ棄てられたのか。海人族、エビス神、ニギハヤヒ、徐福伝説…そしてスサノヲからその正体に迫り、建国以前の建国神話を読み解く。

三種の神器

戸矢学　41499-7

天皇とは何か、神器はなぜ天皇に祟ったのか。天皇を天皇たらしめる祭祀の基本・三種の神器の歴史と実際を掘り下げ、日本の国と民族の根源を解き明かす。

鬼とはなにか

戸矢学　42089-9

来訪神は、鬼の姿で現れ福音をもたらし、太古の土俗神たちも、異形の鬼として荒ぶる神となるが、転じて守護神となる。怨霊、鬼道、鬼門、伝説などから、鬼は神と捉える日本人の信仰心の原像に迫る。

陰陽師とはなにか

沖浦和光　41512-3

陰陽師は平安貴族の安倍晴明のような存在ばかりではなかった。各地に、差別され、占いや呪術、放浪芸に従事した賤民がいた。彼らの実態を明らかにする。

禁忌習俗事典

柳田国男　41804-9

「忌む」とはどういう感情か。ここに死穢と差別の根原がある。日本各地からタブーに関する不気味な言葉、恐ろしい言葉、不思議な言葉、奇妙な言葉を集め、解説した読める民俗事典。全集未収録。

葬送習俗事典

柳田国男　41823-0

『禁忌習俗事典』の姉妹篇となる１冊。埋葬地から帰るときはあとを振り返ってはいけない、死家と飲食の火を共有してはいけないなど、全国各地に伝わる風習を克明に網羅。全集未収録。葬儀関係者に必携。

口語訳 遠野物語

柳田国男　佐藤誠輔〔訳〕　小田富英〔注釈〕　41305-1

発刊100年を経過し、いまなお語り継がれ読み続けられている不朽の名作『遠野物語』。柳田国男が言い伝えを採集し簡潔な文語でまとめた原文を、わかりやすく味わい深い現代口語文に。

四天王寺の鷹

谷川健一　41859-9

四天王寺は聖徳太子を祀って建立されたが、なぜか政敵の物部守屋も祀っている。守屋が化身した鷹を追って、秦氏、金属民、良弁と大仏、放浪芸能民と猿楽の謎を解く、谷川民俗学の到達点。

神に追われて　沖縄の憑依民俗学

谷川健一　41866-7

沖縄で神に取り憑かれた人をカンカカリアという。それはどこまでも神が追いかけてきて解放されない厳しい神懸かりだ。沖縄民俗学の権威が実地に取材した異色の新潮社ノンフィクション、初めての文庫化。

お稲荷さんと霊能者

内藤憲吾　41840-7

最後の本物の巫女でありイタコの一人だった「オダイ」を15年にわたり観察し、交流した貴重な記録。神と話し予言をするなど、次々と驚くべき現象が起こる、稲荷信仰の驚愕の報告。

日本怪談実話〈全〉

田中貢太郎　41969-5

怪談実話の先駆者にして第一人者の田中貢太郎の代表作の文庫化。実名も登場。「御紋章の異光」「佐倉連隊の怪異」「三原山紀行」「飯坂温泉の怪異」「松井須磨子の写真」など全234話。解説・川奈まり子

日本怪談集　取り憑く霊

種村季弘〔編〕　41675-5

江戸川乱歩、芥川龍之介、三島由紀夫、藤沢周平、小松左京など、錚々たる作家たちの傑作短篇を収録。科学では説明のつかない、掛け値なしに怖い究極の怪談アンソロジーが、新装版として復刊！

日本怪談集　奇妙な場所

種村季弘〔編〕　41674-8

妻子の体が半分になって死んでしまう家、尻子玉を奪いあう河童……、日本文学史に残る怪談の中から新旧の傑作だけを選りすぐった怪談アンソロジーが、新装版として復刊！

日本怪奇物語

富岡直方　42112-4

戦前の原著の明治〜昭和篇を新字新仮名遣いにして初文庫化。当時の新聞、雑誌、伝聞から、怪談、猟奇事件、不思議議話、珍談を収集。時代の諸相を知る、貴重な民俗譚の記録集。

日本人の神

大野晋　41265-8

日本語の「神」という言葉は、どのような内容を指し、どのように使われてきたのか？　西欧のGodやゼウス、インドの仏とはどう違うのか？言葉の由来とともに日本人の精神史を探求した名著。

知っておきたい日本の神様

武光誠　41775-2

全国で約12万社ある神社とその神様。「天照大神や大国主命が各地でまつられるわけは？」などの素朴な疑問から、それぞれの成り立ち、系譜、ご利益、そして「神道とは何か」がよくわかる書。

日本迷信集

今野圓輔　41850-6

精霊送りに胡瓜が使われる理由、火の玉の正体、死を告げるカラスの謎……“黒い習俗”といわれる日本人のタブーに対して、民俗学者の視点からメスを入れた、日本の迷信集記録。

日本の聖と賤　中世篇

野間宏／沖浦和光　41420-1

古代から中世に到る賤民の歴史を跡づけ、日本文化の地下伏流をなす被差別民の実像と文化の意味を、聖なるイメージ、天皇制との関わりの中で語りあう、両先達ならではの書。

日本の偽書

藤原明　41684-7

超国家主義と関わる『上記』『竹内文献』、東北幻想が生んだ『東日流外三郡誌』『秀真伝』。いまだ古代史への妄想をかき立てて止まない偽書の、荒唐無稽に留まらない魅力と謎に迫る。

日本書紀が抹殺した　古代史謎の真相

関裕二　41771-4

日本書紀は矛盾だらけといわれている。それは、ヤマト建国の真相を隠すために歴史を改竄したからだ。書記の不可解なポイントを30挙げ、その謎を解くことでヤマト建国の歴史と天皇の正体を解き明かす。

応神天皇の正体

関裕二　41507-9

古代史の謎を解き明かすには、応神天皇の秘密を解かねばならない。日本各地で八幡神として祀られる応神が、どういう存在であったかを解き明かす、渾身の本格論考。

隠された神々

吉野裕子　41330-3

古代、太陽の運行に基き神を東西軸においた日本の信仰。だが白鳳期、星の信仰である中国の陰陽五行の影響により、日本の神々は突如、南北軸へ移行する……吉野民俗学の最良の入門書。

『忘れられた日本人』の舞台を旅する

木村哲也　42125-4

宮本常一の傑作『忘れられた日本人』の舞台10箇所を二度三度丁寧にたどり直し、宮本が会った人、その縁者に取材した、若き日の旅の記録。宮本民俗学を今に引き継ぐフィールド紀行。解説＝赤坂憲雄

山窩は生きている

三角寛　41306-8

独自な取材と警察を通じてサンカとの圧倒的な交渉をもっていた三角寛の、実体験と伝聞から構成された読み物。在りし日の彼ら彼女らの生態が名文でまざまざと甦る。失われた日本を求めて。

山窩奇談〈増補版〉

三角寛　42072-1

サンカの実態に最も精通した三角寛が、警視庁刑事の下で諜者を務めた小東国八からの聞き書きをまとめたもの。追加は、国八聞き書きの「元祖洋傘直し」に、法務省での貴重な講演「山窩の話」を大増補。

山に生きる人びと

宮本常一　41115-6

サンカやマタギや木地師など、かつて山に暮らした漂泊民の実態を探訪・調査した、宮本常一の代表作初文庫化。もう一つの「忘れられた日本人」とも。没後三十年記念。

生きていく民俗　生業の推移

宮本常一　41163-7

人間と職業との関わりは、現代に到るまでどういうふうに移り変わってきたか。人が働き、暮らし、生きていく姿を徹底したフィールド調査の中で追った、民俗学決定版。

民俗のふるさと

宮本常一　41138-5

日本人の魂を形成した、村と町。それらの関係、成り立ちと変貌を、ていねいなフィールド調査から克明に描く。失われた故郷を求めて結実する、宮本民俗学の最高傑作。

海に生きる人びと

宮本常一　41383-9

宮本常一の傑作『山に生きる人びと』と対をなす、日本人の祖先・海人たちの移動と定着の歴史と民俗。海の民の漁撈、航海、村作り、信仰の記録。